NISHILIU DUIJITI SUIDAO GONGCHENG LILUN YU SHIJIAN

# 泥石流堆积体隧道工程理论与实践

朱正国　朱永全　吴广明 ◎ 著

人民交通出版社股份有限公司
China Communications Press Co., Ltd.

## 内 容 提 要

本书内容分为上下两篇。上篇为理论基础篇,内容为泥石流堆积体隧道围岩压力计算方法和衬砌抗震设计理论,包括绪论、压力拱效应研究、基于压力拱理论的围岩压力计算、压力拱理论计算围岩压力方法分析、考虑施工过程的大跨隧道围岩压力计算方法初探和泥石流堆积体隧道衬砌抗震设计,具体见第1~6章。下篇为施工实践篇,内容为泥石流堆积体隧道施工实践,包括隧道加固区范围及方法、隧道施工方法、隧道基底处理技术、隧道施工技术和隧道施工监控量测技术,具体见第7~11章。

本书强调理论与工程实践相结合,可供隧道与地下工程研究、设计和施工人员参考,亦可作为研究生教学用书。

### 图书在版编目(CIP)数据

泥石流堆积体隧道工程理论与实践 / 朱正国,朱永全,吴广明著. —北京:人民交通出版社股份有限公司,2014.8

　ISBN 978-7-114-11457-1

Ⅰ.①泥… Ⅱ.①朱…②朱…③吴… Ⅲ.①泥石流—堆积—隧道施工 Ⅳ.①U455

中国版本图书馆 CIP 数据核字(2014)第 118050 号

| 书　　名: | 泥石流堆积体隧道工程理论与实践 |
|---|---|
| 著 作 者: | 朱正国　朱永全　吴广明 |
| 责任编辑: | 刘彩云　吴燕伶 |
| 出版发行: | 人民交通出版社股份有限公司 |
| 地　　址: | (100011)北京市朝阳区安定门外外馆斜街3号 |
| 网　　址: | http://www.ccpress.com.cn |
| 销售电话: | (010)59757973 |
| 总 经 销: | 人民交通出版社股份有限公司发行部 |
| 经　　销: | 各地新华书店 |
| 印　　刷: | 北京市密东印刷有限公司 |
| 开　　本: | 787×1092　1/16 |
| 印　　张: | 11.25 |
| 字　　数: | 257 千 |
| 版　　次: | 2014 年 8 月　第 1 版 |
| 印　　次: | 2014 年 8 月　第 1 次印刷 |
| 书　　号: | ISBN 978-7-114-11457-1 |
| 定　　价: | 38.00 元 |

(有印刷、装订质量问题的图书由本公司负责调换)

# 前言

我国地貌差异显著、地质环境复杂、灾害性气候及气象条件发育,是全球范围内泥石流最频发的国家。西藏、四川、甘肃、新疆、云南、重庆等西部省(自治区、直辖市)的铁路、公路等交通设施长期承受着严重的泥石流危害,即使是埋设于泥石流堆积体中,隧道也可能因遭受大型泥石流冲刷而破坏。

长期以来,许多专家、学者针对软岩隧道、黄土隧道、溶洞隧道、岩爆隧道、瓦斯隧道等不良地质隧道进行了深入和系统的研究,取得了丰厚的研究成果,但专门针对泥石流堆积中修建隧道工程方面的系统研究还很少,只有少量文献介绍了隧道穿越泥石流沟的施工技术。因此,解决泥石流堆积体隧道相关科学和技术问题,是该领域工程技术推进发展的需要。

本书内容分为上下两篇。上篇为泥石流堆积体隧道理论基础篇。通过数值模拟分析研究压力拱的传力机理,以弹塑性理论为依据,确定压力拱的影响范围和内外边界。根据压力拱的受力机理研究,确定基于压力拱理论的围岩压力计算方法。对影响围岩压力计算的各因素进行敏感性分析,并运用MATLAB软件的多元线性回归计算模块对正交试验结果进行回归分析,得到便于工程实际应用的围岩压力计算公式。考虑施工过程对围岩压力的影响,采用将影响系数添加到基于压力拱理论的单洞泥石流堆积体隧道围岩压力计算公式中,最终得出适用于大跨泥石流堆积体隧道的围岩压力计算公式。提出穿越泥石流体堆积隧道抗震设计应采取的注浆加固方案和设置减震层,并优化了注浆加固和减震层设计参数。下篇为泥石流堆积体隧道施工实践篇。提出穿越泥石流堆积体隧道施工中应采用地表地层、掌子面全部范围注浆加固、施作大拱脚及隧道基底采用树根桩加固等施工辅助措施,并给出加固的范围及方法。结合兰渝线仓园隧道穿越泥石流堆积层这种特殊地质情况和实际施工情况,通过计算分析,在采取相关施工辅助措施后,本隧道选取三台阶七步法施工,并给出三台阶七步法中合理的台阶参数。通过研究隧道基底加固方案在列车振动荷载作用下基底位移和速度随振动时间的变化规律,提出泥石流堆积体隧道基底采用树根桩加固处理技术。最终形成了一整套泥石流堆积体隧道施工工法及工艺。

本书是河北省自然科学基金项目(E2012210011)"土质地层连拱式地铁车站隧道围岩压力与支护参数研究"、河北省高等学校科学技术研究项目(QN20131179)"应力路径对连拱式隧道围岩压力及结构设计计算影响研究"和中交二公局技术开发项目"双线铁路隧道下穿泥石流沟施工关键技术研究"等研究成果的总结。参加理论、试验研究和本书撰写工作的人员有朱正国、朱永全、吴广明、王成武、崔小鹏、孙明磊、刘灼、余剑涛和张斌等。在此,向所有做出贡献的课题组成员及为本书出版付出艰苦劳动的编辑们致以深深的谢意!

由于时间仓促、水平有限,书中疏漏和不妥之处,恳请有关专家和读者给予批评指正。

作者

2014年3月

# 目 录

## 上篇 理论基础篇

**第1章 绪论** ··································································· 3
  1.1 泥石流的分布及特性 ················································· 3
  1.2 泥石流堆积体隧道的定义及工程问题 ······························· 15

**第2章 压力拱效应研究** ························································ 18
  2.1 概述 ·································································· 18
  2.2 压力拱形成的力学机理分析 ········································· 18
  2.3 压力拱内外边界的确定 ·············································· 19
  2.4 基于数值模拟的压力拱研究 ········································· 19
  2.5 小结 ·································································· 30

**第3章 基于压力拱理论的围岩压力计算** ···································· 31
  3.1 围岩压力概述 ······················································· 31
  3.2 现有规范采用的深埋隧道围岩压力计算方法 ····················· 31
  3.3 基于压力拱理论的围岩压力介绍 ··································· 32
  3.4 基于压力拱理论围岩压力计算方法与规范法的比较 ············· 32
  3.5 小结 ·································································· 35

**第4章 压力拱理论计算围岩压力方法分析** ································· 36
  4.1 概述 ·································································· 36
  4.2 参数敏感性分析法介绍 ·············································· 36
  4.3 各影响因素的敏感性分析 ··········································· 37
  4.4 台阶法施工的影响分析 ·············································· 43
  4.5 隧道多影响因素的共同分析 ········································· 43
  4.6 小结 ·································································· 47

## 第5章 考虑施工过程的大跨隧道围岩压力计算方法初探 … 48
### 5.1 引言 … 48
### 5.2 基于施工过程的计算思路 … 48
### 5.3 基本假设 … 49
### 5.4 影响系数的确定 … 49
### 5.5 大跨隧道围岩压力计算公式的推导 … 52
### 5.6 工程实例验证 … 52
### 5.7 小结 … 55

## 第6章 泥石流堆积体隧道衬砌抗震设计 … 56
### 6.1 我国发生的强震情况 … 56
### 6.2 地震对隧道结构的影响 … 56
### 6.3 注浆加固对泥石流堆积体隧道衬砌抗震设计效果分析 … 62
### 6.4 全环间隔注浆加固的参数优化 … 71
### 6.5 减震层对泥石流堆积体隧道衬砌抗震设计分析 … 73
### 6.6 小结 … 77

# 下篇 施工实践篇

## 第7章 泥石流堆积体隧道加固区范围及方法 … 81
### 7.1 泥石流堆积体隧道安全施工的基本原则 … 81
### 7.2 常用围岩加固（预支护）技术现状及评价 … 82
### 7.3 基底以上地层加固范围及隧道施工力学特性分析 … 94
### 7.4 基底地层加固范围及隧道施工过程力学特性分析 … 100
### 7.5 小结 … 105

## 第8章 泥石流堆积体隧道施工方法研究 … 107
### 8.1 常用隧道施工方法及评价 … 107
### 8.2 大拱脚台阶法施工效果分析 … 110
### 8.3 其他不同工法施工过程力学特性分析 … 115
### 8.4 工法适用性分析 … 126
### 8.5 三台阶七步法合理台阶参数分析 … 128
### 8.6 小结 … 130

## 第9章 泥石流堆积体隧道基底处理技术研究 … 131
### 9.1 常用基底处理方法及评价 … 131
### 9.2 泥石流堆积体隧道基底稳定性分析 … 134

9.3 小结 ……………………………………………………………………………… 144

**第 10 章 泥石流堆积体隧道施工技术研究** …………………………………… 145
  10.1 概述 ……………………………………………………………………… 145
  10.2 施工流程及操作要点 …………………………………………………… 145
  10.3 工艺原理及工法特点 …………………………………………………… 156
  10.4 小结 ……………………………………………………………………… 157

**第 11 章 泥石流堆积体隧道施工监控量测技术** …………………………… 158
  11.1 监测项目及测点布置 …………………………………………………… 158
  11.2 监测仪器及监测方法 …………………………………………………… 159
  11.3 监测结果及分析 ………………………………………………………… 159
  11.4 数值模拟结果与现场量测结果对比分析 …………………………… 165
  11.5 小结 ……………………………………………………………………… 166

**参考文献** ………………………………………………………………………… 168

# 上 篇
## 理论基础篇

第1章　绪论
第2章　压力拱效应研究
第3章　基于压力拱理论的围岩压力计算
第4章　压力拱理论计算围岩压力方法分析
第5章　考虑施工过程的大跨隧道围岩压力计算方法初探
第6章　泥石流堆积体隧道衬砌抗震设计

# 第1章 绪 论

## 1.1 泥石流的分布及特性

我国泥石流的分布十分广泛,东起黑龙江东部和台湾闵林,南至海南中部,西起新疆西部,北至黑龙江和内蒙古北部,分布着数以万条泥石流沟。大致以大兴安岭—燕山山脉—太行山山脉—巫山山脉—雪峰山山脉一线为界分为两部分:西部的高山、高原、极高山是泥石流最发育、分布最集中、灾害最频繁、危害最严重的地区;东部除台湾中部高中山区、辽宁东南部低山丘陵区和吉林东南部中低山区有泥石流密集分布外,其余广大地区仅有零星分布,灾害也相对较轻(图1-1)。

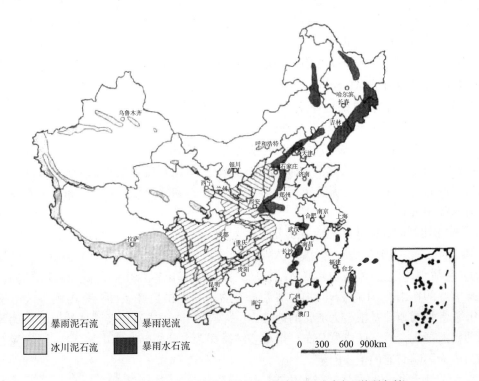

图1-1 我国泥石流分布(引自中国科学院,水利部山地灾害与环境研究所)

### 1.1.1 泥石流的分布规律

研究泥石流的分布规律，对于研究泥石流的形成、运动和防治泥石流危害都是必要的。泥石流的分布，主要受泥石流形成的自然因素以及自然和人为因素共同作用的影响，具有明显的规律性。

(1) 沿断裂构造带分布

地质构造控制了区域的地貌构造格局，山脉走向及水系多沿构造线发育。泥石流主要沿山区的地质构造断裂带及强烈褶皱带发育，沿河流及山间盆地的山前分布，因此，泥石流的分布一般具有呈带状的特点。

在断裂带及其附近应力集中，岩体受强烈挤压而破坏，岩层破碎，河流强烈下切，引发规模不等的崩塌滑坡，为泥石流活动提供了丰富的松散固体物质来源。因此，泥石流分布与构造活动有密切关系，表现为泥石流沿断裂构造带密集分布。例如，我国的波密—易贡断裂带、安宁河断裂带、白龙江断裂带、小江断裂带等，均发育了大量的泥石流，成为我国泥石流最为发育的地区，其泥石流数量之多、活动之强、灾害之重，在我国居前列，而且规模大小不一。位于波密—易贡断裂带的迫隆藏布流域公路两侧分布有灾害性泥石流104处，其中规模特大的有米堆沟冰湖溃决泥石流、古乡沟冰川泥石流、加马其美沟暴雨泥石流等。

(2) 在地震震中区密集分布

现代地壳活动最明显的反映是地震。在强地震的作用下，岩体的强度和完整性降低，土体孔隙水压力增加，土体的稳定性遭到破坏，崩塌、滑坡发育为泥石流的形成提供了丰富的固体物质来源，而且还能直接激发泥石流，故在多山的地震带大多数是泥石流活动带。我国是多地震的国家之一，泥石流主要集中在烈度为七以上的地震区，1973年四川炉霍地震(7.9级)，1976年四川平武—松潘地震(7.2级)破坏山体，产生了大量的崩塌、滑坡，从而促进了众多泥石流的暴发，灾害成群分布(图1-2)。

(3) 在软弱岩石和软硬相间岩石区成片集中分布

岩性的软、硬程度决定了岩石的易风化程度和分布区松散碎屑物的多寡，与泥石流分布的关系十分密切。一般说来，软弱岩石抗风化能力差，风化速度快，能为泥石流形成提供更多的松散碎屑物质；坚硬岩石抗风化能力强，风化速度慢，为泥石流形成提供的松散碎屑物质少。因此，在坚硬岩石分布区泥石流分布密度小，在软弱岩石和软硬相间岩石分布区泥石流沟密度大，成片状集中分布。

(4) 沿深切割的高山峡谷区成带状分布

山区人口主要集中在峡谷区活动，人类活动对自然的影响也主要在峡谷区内体现出来。大量的人类活动，对泥石流活动起着诱发作用。高山峡谷区本身山高坡陡，在地质构造、寒冻风化、地震等的作用下，山体破碎，为滑坡泥石流的活动提供良好条件。高山峡谷区由于下垫面作用，常常是局地性暴雨最为活跃的地方。山体破碎、降雨丰富以及强烈的人类活动等综合作用，使得泥石流在峡谷区成群分布。川藏公路横穿著名的横断山高山峡谷区，沿线泥石流非常发育，成为影响交通的主要因素。

(5) 与暴雨和长历时高强度降水分布区域一致

在降雨泥石流区内，降水是激发泥石流的主要因素。与泥石流分布关系密切的降水量，包括年平均降水量、最大 24h 降水量和最大 1h 降水量等。据资料分析,泥石流分布密度随分布区年平均降水量增多、最大 24h 降水量增大和最大 1h 降水量增大而增大;泥石流分布密度随分布区降水量大于或等于 0.1mm、50mm、100mm、150mm 和 200mm 的天数增多而增大;泥石流分布密度随降水年内变差系数和年际变差系数增大而增大。一般而言,泥石流分布与暴雨和长历时高强度降水的分布区域基本一致。

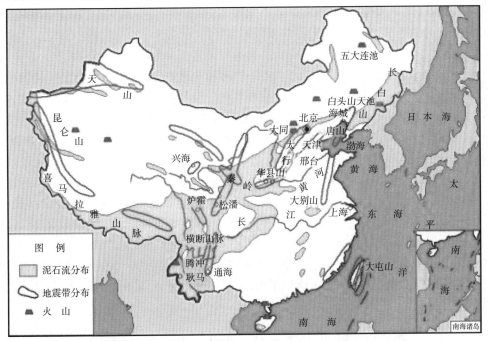

图 1-2  我国泥石流与地震带分布关系

(6)海拔高度不同泥石流类型不同

我国地势西高东低,海拔跨越非常大,随着海拔变化,高山高原堵断了暖湿气流的运移,相应降水量呈现东南多、西北少的格局;同时地势起伏、气候、水文、土壤、植被等泥石流形成的自然因素都发生了地带性变化。按照海拔的高低,泥石流活动也呈现不同的类型。低海拔(小于 2100m)为暴雨型泥石流,海拔升高(2100～3500m)发展为冰雪融水-暴雨型泥石流,海拔继续升高(3500～4000m)多发生冰川型泥石流,海拔再升高(4000m)则会暴发冰湖溃决型泥石流。

## 1.1.2 泥石流的分类

泥石流是一种形成过程复杂,山泥沙石块、水体和少量空气组成的具有多种流态和运动形式的多相流。不同条件下发生的泥石流,其流体结构、力学性质、活动特征都存在着一定的差异性。只有充分了解泥石流这些属性的差异,选取适当的指标,对泥石流现象进行归纳和分类,才能深刻认识泥石流的发生、发展、运动和成灾规律,对不同类型的泥石流制订切实可行的减灾方案。泥石流分类是对泥石流内在规律和外部特征的概括。

(1)按规模分类

①小规模泥石流:一次冲出固体物小于 $1 \times 10^4 m^3$。

②中等规模泥石流:一次冲出固体物 $1×10^4 \sim 1×10^5 m^3$。

③大规模泥石流:一次冲出固体物 $1×10^5 \sim 5×10^5 m^3$。

④特大规模泥石流:一次冲出固体物大于 $5×10^5 m^3$。

(2)按泥石流流域沟谷形态分类

①沟谷型泥石流。沟谷型泥石流是发育比较完整的泥石流沟,流域轮廓清晰,多呈瓢形、长条形或树枝状,流域面积以 $5 \sim 50 km^2$ 居多,能明显区分泥石流形成区、流通区和堆积区。形成区位于沟谷的中上游,其面积一般占总面积的一半以上(图1-3)。冰川泥石流区,沟谷上有多为冰川塑造而成的围谷地形;降雨泥石流区,沟谷上有多漏斗地形,形成泥石流所需的松散固体物质和水源主要集中于此区。流通区位于流域的中游,是泥石流流向山外的通道,长 $1 \sim 5km$,多为沟谷地形,两岸谷坡陡至 $40° \sim 60°$,沟床纵降比为 $15\% \sim 25\%$,多陡坎,泥石流流经于此易于发生阻塞。堆积区位于流域下游,呈扇形,是泥石流搬运物的停积地段。在这里,大小石块混杂堆积,底面垄岗起伏,沟道摆动频繁。沟谷型泥石流规模大、流程远,阵流明显。

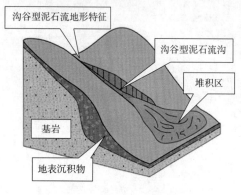

图1-3 沟谷型泥石流特点

②山坡型泥石流。流域面积小,小于 $0.3km^2$,呈漏斗状,流通区不明显,形成区直接与堆积区相连,堆积作用迅速。由于汇水面积不大,水源一般不充沛,多形成重度大、规模小的泥石流(图1-4)。

图1-4 北川附近山坡型泥石流发生过的痕迹

(3)按固体物质成分分类

①泥流。泥流是指发育在我国黄土高原山区以细粒泥沙为主要组成物质的泥石流。泥流中黏粒含量大于石质山区泥石流,可达 $15\%$(相对密度)以上,含有少量碎石岩屑,黏度大,呈稠泥状,其结构较泥石流更为明显,在流动过程中,流体表面漂浮有大块土体,泥流体向两侧扩散,能力较弱,停积时成扁平的舌状体,无水流外溢,在泥流发育的沟道里或堆积区,可以看到大大小小的泥球或碎屑球(图1-5)。

图1-5 泥流现象

②泥石流。泥石流是由浆体和石块共同组成的特殊流体,固体成分从粒径小于0.005mm的黏土粉砂到几米至10~20m的大漂砾(图1-6)。它的级配范围之大是其他类型的夹沙水流所无法比拟的。这类泥石流在我国山区的分布范围比较广泛,对山区的经济建设和国防建设危害十分严重。

图1-6 舟曲泥石流灾区泥石流

③水石流。水石流是由水与粗沙、石块和巨砾组成的特殊流体,其黏粒含量少于泥石流和泥流。在我国陕西华山一带分布最为典型,它主要发生在风化不严重的灰岩、火山岩、花岗岩等基岩山区。

(4)按泥石流流体性质分类

①黏性泥石流。黏性泥石流是苏联学者提出的。黏性泥石流又称结构性泥石流,具有"石"多、"泥"少的特点,其固体物质含量高,体积分数在40%~60%,最高可达80%,这时水就成为泥石流的组成部分而不是搬运的介质。黏性泥石流的稠度大,流体中的固体部分成悬浮状态,具有突发性,持续时间短,破坏性大。

②稀性泥石流。稀性泥石流又称紊流性泥石流，主要特点是"石"少、"泥"多，水是主要的组成部分，黏性土的含量少，固体物质占 10% ~ 40%，水为搬运介质，从而致使稀性泥石流的稠度、黏度小，浮托力弱。流体堆积结构松散、层次不清、渗流性强、流向不稳定，易于漫流改道，有股流、窜流、散流、偏流、绕流、潜流现象。

③过渡性泥石流。过渡性泥石流介于黏性泥石流和稀性泥石流之间。"泥"和"石"比例较为均衡，由大量黏性土和不同粒径的砂粒、石块组成的泥石流的密度，从整体上体现了水和泥沙石块的分配组合特征。

### 1.1.3　甘肃武都甘家沟泥石流分布特征

甘家沟位于甘肃省武都县城东南 10km 处的白龙江左岸，是一条与云南东川将家沟齐名的严重的泥石流沟，流域内有滑塌体 52 处，面积达 24.3km²，松散固体物质达 13413 万 m³，泥石流形成条件极为优越。

(1) 自然环境与气候条件

武都地处我国大陆二级阶梯向三级阶梯的过渡地带，东临秦岭汉中盆地、南面四川盆地、西接世界屋脊青藏高原、北靠黄土高原，是一个地形交汇，褶皱和断层十分发育地带，它们相互切交、改造和叠加，形成各种不同序次和不同尺度的构造形迹，强烈改造了地质体。本区出露地层众多，且跨越地层分区界线，最古老的是中元古界的碧口群，最新的是第四系。甘家沟位于武都陇南山地中部，属南秦岭高中山侵蚀、风化和构造活动强烈的山地，山高坡陡，沟谷纵横，连绵起伏，坡面支离破碎。该沟流域面积 43.3km²，形态呈葫芦状，南北长 11km，东西宽 6.4km，源头分水岭海拔高度 2105m，沟口与白龙江交汇处 970m，相对高差 1135m。流域主沟长 12km，平均比降 7.3%，山坡平均坡度为 27°~ 35°，切割深度为 300 ~ 540m。流域内有主要支沟 1 条，长度在 1.5km 以上的支沟 6 条，沟壑密度 2.39km/km²。由于该沟泥石流特别活跃，沟口形成了长 1.5km、面积约 1km² 的巨大扇形地（图 1-7），压缩白龙江河床，阻碍水流下泄。

该区新构造运动十分强烈，自第三纪以来，长期处于上升状态，山地平均 100 年升高 1.6 ~ 1.8mm，河道急剧下切，这不仅造成了坡陡沟深的地形，而且加剧了地层的断裂破碎，节理和裂隙的发育，促进了滑坡、坍塌的发生，为泥石流的形成提供了势能条件和充足的物质来源。

由于其特有的地理位置，复杂的地形条件，海拔变化范围大，相对高差大等诸多因素的影响，该区气候的垂直分带和水平分带性均较明显。受地形和大气环流等因素的影响，本区降水量在空间分布上呈现由南向北递减的趋势。降水量由武都东南部的 900mm 向西北降低到武都—两河口段的 500mm；由两河口向北，降雨量一般为 500 ~ 600mm，仅在宕昌以西部分地区大于 700mm。由 1956 ~ 1980 年 25 年的降水资料可知，研究区降水量年内分布在各地都极为不均匀，主要集中在 6 ~ 9 月，占全年降水量的 60% ~ 70%。该区降水偏少，但暴雨较多，日降水 25 ~ 49mm 的大雨发生在 6 ~ 9 月，历年平均 2.1 次。日降水 50 ~ 90mm 的暴雨主要发生在 7、8 两月间，历年平均 0.3 次。这种高强度的降雨量为泥石流的形成提供了足量的水源和足够的动力条件。

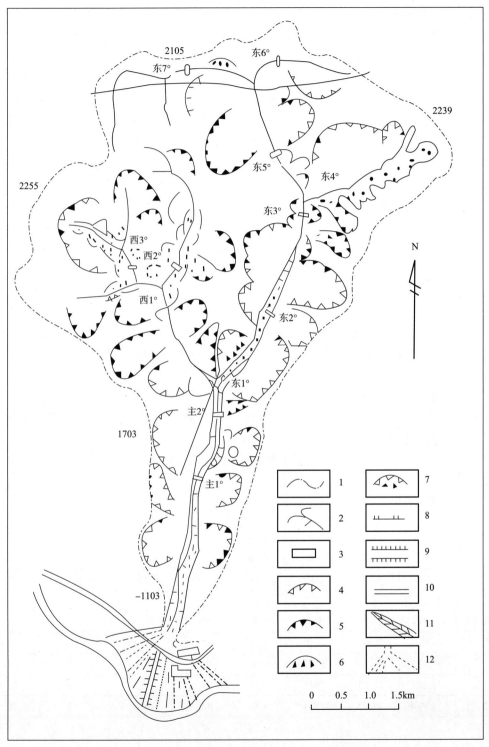

图 1-7 甘家沟泥石流分布情况

1-流域界线;2-流水线;3-拦挡坝;4-活动滑坡;5-老滑坡;6-崩塌体;7-滑塌体;8-断裂带;9-导流堤;10-公路;11-泥石流堆积;12-扇形地

**(2) 地层岩性**

流域内主要地层为第四系全新统冲洪积、坡积碎石土、次生黄土及志留系粉砂岩、灰岩、千枚岩、页岩等,岩体破碎,风化严重,崩塌、滑坡等极为发育。

**(3) 泥石流的特征**

①泥石流规模。甘家沟自20世纪以来,发生过10次大规模泥石流,其中以1933年最大,1984年次之。据北峪河管理局调查,1984年8月30日泥石流流量为641m³/s,其重现期约为50年。小规模的泥石流则每年都有发生,有时多达十几次。其年冲出量为 $28.1\times10^5\mathrm{m}^3$,按规模分类属于巨型泥石流。

②泥石流的粒度特征。甘家沟泥石流十分黏稠,颗粒粗大,流体中携带有3～5m的巨石,大多数石块粒径为0.3～0.6m,平均粒径11.1mm,重度达22.9kN/m³,黏土含量平均为4.2%,和该地区其他泥石流沟的情况基本一致,而和云南东川地区的泥石流相比,平均粒径较小,黏土含量稍高。所以,该区泥石流按泥石流流体性质分类也属于黏性泥石流。

③泥石流发育特征。甘家沟属高易发性、暴雨诱发沟谷型泥石流,其补给方式主要为坡面冲蚀、沟岸崩滑和沟底再搬运,泥石流暴发间歇期较长。流域内固体松散物质富余程度中等,储量约 $31.8\times10^4\mathrm{m}^3$,泥石流重度16.1kN/m³,属黏性泥石流,泥砂沿程补给段长度比约70%,百年一遇泥石流流量为327m³/s,一次最大冲出量约 $65.6\times10^4\mathrm{m}^3$,规模为巨型。

**(4) 泥石流灾害危险度评价**

1995年,甘肃省科学院地质自然灾害防治研究所对泥石流进行了大量的调查和研究工作,取得了一系列数据(表1-1)。

甘肃部分城镇泥石流沟基本数据　　表1-1

| 市/区名称 | | 泥石流沟 | $A$ (km²) | $V$ (×10⁴m³) | $I$ | $R_P$ (mm) | $\gamma$ (kN/m³) | $M$ (×10⁴m³/km²) | $W_H$ (×10⁴m³) |
|---|---|---|---|---|---|---|---|---|---|
| 兰州 | 西固区 | 洪水沟 | 10.60 | 2250 | 0.64 | 150.0 | 19.0 | 1.5 | 150.00 |
| | | 老狼沟 | 2.21 | 330 | 0.58 | 70.0 | 19.0 | 1.3 | 120.00 |
| | 东岗 | 大洪沟 | 7.95 | 1580 | 0.64 | 96.8 | 19.0 | 1.5 | 140.00 |
| | | 烂泥沟 | 14.50 | 2200 | 0.57 | 96.8 | 17.0 | 1.2 | 170.00 |
| | 徐家湾 | 拱北沟 | 0.63 | 160 | 0.57 | 100.0 | 20.0 | 1.4 | 2.50 |
| | 安宁区 | 单家沟 | 0.87 | 200 | 0.57 | 100.0 | 20.0 | 1.4 | 2.40 |
| 天水 | 秦城区 | 罗玉沟 | 75.30 | 20830 | 0.57 | 93.0 | 19.0 | 1.2 | 180.70 |
| | | 吕二沟 | 12.00 | 2800 | 0.60 | 94.2 | 19.0 | 1.2 | 28.80 |
| | 北道区 | 刘家弯沟 | 10.90 | 1500 | 0.64 | 105.0 | 19.0 | 1.2 | 26.60 |
| | 秦安 | 深沟 | 1.58 | 320 | 0.32 | [4.0] | 16.0 | 0.8 | 2.50 |
| | 甘谷 | 小沙沟 | 24.90 | 400 | 0.60 | 70.0 | 16.5 | 0.9 | 22.41 |
| 定西 | 渭源 | 石坡山沟 | 38.50 | 6886 | 0.58 | 70.0 | 17.0 | 0.7 | [27.00] |
| | 漳县 | 红沟 | 12.50 | 2683 | [0.58] | 90.0 | 17.6 | 0.7 | [8.90] |

续上表

| 市/区名称 | | 泥石流沟 | $A$ (km²) | $V$ (×10⁴m³) | $I$ | $R_P$ (mm) | $\gamma$ (kN/m³) | $M$ (×10⁴m³/km²) | $W_H$ (×10⁴m³) |
|---|---|---|---|---|---|---|---|---|---|
| 陇南 | 武都 | 甘家沟 | 40.30 | 17250 | 0.51 | 76.5 | 2.20 | 3.7 | 240.00 |
| | | 北峪河 | 43.20 | 107400 | 0.45 | 86.9 | 19.0 | 1.0 | 864.00 |
| | | 东江水沟 | 7.03 | 3000 | 0.45 | 76.5 | 22.0 | 2.5 | 120.00 |
| | | 桑园沟 | 3.19 | 500 | 0.68 | 110.0 | 21.0 | 1.2 | 110.00 |
| | 文县 | 关家沟 | 35.00 | 5250 | 0.57 | 170.0 | 19.0 | 1.2 | 126.00 |
| | 礼县 | 刘家沟 | 11.70 | 2600 | 0.40 | 126.0 | 18.0 | 1.2 | 142.3 |
| | 西和 | 关坝沟 | 31.80 | 4816 | 0.48 | 116.0 | 17.0 | 1.2 | 114.60 |
| | 宕昌 | 坡头沟 | 4.20 | 650 | 0.58 | [90.0] | 20.0 | 1.0 | 14.20 |
| | | 大地沟 | 4.35 | 570 | 0.70 | [90.0] | 20.0 | 1.0 | 14.35 |
| | 两当 | 窑沟 | 0.70 | 130 | 0.53 | 106.0 | 16.0 | 0.8 | 1.70 |
| | | 河子沟 | 5.39 | 688 | 0.54 | 106.0 | 16.7 | 0.8 | 5.93 |
| | 康县 | 罗家沟 | 4.07 | 510 | 0.70 | 120.0 | [19.6] | 0.7 | 5.69 |
| 平凉 | 平凉市 | 豆家沟 | 9.35 | 1700 | 0.57 | 100.0 | 17.0 | 0.8 | 6.96 |
| | 庄浪 | 文家沟 | 1.12 | 150 | 0.36 | 85.4 | 18.0 | 0.8 | 1.80 |
| | | 西沟 | 0.92 | 190 | 0.30 | 85.4 | 17.0 | 0.8 | 1.50 |
| | | 青龙沟 | 22.00 | 2600 | 0.53 | 85.4 | 17.0 | 0.5 | 22.00 |
| | 崇信 | 兰花沟 | 18.60 | 2200 | 0.55 | 120.0 | 15.0 | 0.5 | 18.60 |
| | 灵台 | 东沟 | 15.60 | 1560 | 0.53 | 120.0 | 15.0 | 0.5 | 15.60 |
| 庆阳 | 庆阳 | 滴水沟 | 7.55 | 151 | 0.62 | 142.00 | 16.0 | 0.8 | 18.20 |
| | 环县 | 起楼堡沟 | 9.00 | 1459 | 0.53 | 142.00 | 16.0 | 0.8 | 21.60 |
| | 宁县 | 滥泥沟 | 90.00 | 5800 | 0.48 | 75.0 | 16.0 | 0.6 | 108.00 |
| | 华池 | 小西沟 | 9.00 | 2000 | 0.48 | 100.0 | 17.0 | 0.6 | 5.50 |
| | | 火烟沟 | 6.00 | 980 | 0.48 | 100.0 | 16.0 | 0.5 | 6.00 |
| | | 武家沟 | 9.10 | 1800 | 0.48 | 100.0 | 17.0 | 0.8 | 14.40 |
| | 镇原 | 黄家湾沟 | 2.85 | 500 | 0.47 | 78.0 | 17.0 | 1.7 | 8.60 |
| | | 包庄沟 | 14.30 | 2715 | 0.53 | 78.0 | 17.0 | 1.0 | 28.60 |
| | | 水阴沟 | 7.00 | 905 | [0.53] | 110.0 | 15.0 | 1.0 | [7.00] |
| 临夏 | 和政 | 林家沟 | 7.35 | 999 | 0.53 | 115.0 | 16.0 | 0.6 | 27.00 |
| 甘南 | 舟曲 | 鱼儿沟 | 24.60 | 7800 | 0.46 | 57.2 | 20.0 | 2.5 | 61.50 |
| | | 寨子沟 | 5.90 | 916 | 0.70 | 77.2 | [18.0] | 1.5 | 18.85 |
| | 卓尼 | 上卓沟 | 8.98 | [1900] | [0.50] | 85.0 | 18.4 | 0.8 | 12.00 |
| | 迭部 | 上寺沟 | 0.40 | 130 | 0.60 | 59.1 | 16.5 | 0.8 | 1.00 |

注：[ ]内数据为推算值；$A$ 为流域的汇水面积；$V$ 为可移动土石方量；$I$ 为泥石流形成区山坡坡度；$R_P$ 为日最大降水量；$\gamma$ 为泥石流重度；$M$ 为侵蚀模数；$W_H$ 为泥石流最大冲出量。

根据表1-1及已有资料,可将甘肃省48个遭受泥石流地质灾害的城市划分为四大类,即得到危险度分区,见表1-2。

甘肃城镇泥石流危险度分区　　　　表1-2

| 危险度等级 | 地　名 |
|---|---|
| Ⅰ级 | 兰州市、天水秦城区(天水北道区)、武都县城、文县城、西和县城、宕昌县城、礼县县城、舟曲县城、卓尼县城 |
| Ⅱ级 | (兰州红古区)、永登县城、武山县城、清水县城、漳县县城、渭源县城、两当县城、康县县城、平凉市、崇信县城、镇原县城、环县县城、华池县城、和政县城、迭部县城 |
| Ⅲ级 | 秦安县城、甘谷县城、肃南县城、陇西县城、岷县县城、徽县县城、灵台县城、泾川县城、庄浪县城、宁县县城、临夏市、东乡县城 |
| Ⅳ级 | 永昌县城、靖远县城、会宁县城、张家川县城、古浪县城、通渭县城、华亭县城、玉门市、庆阳县城、正宁县城、康乐县城、积石山县城、临潭县城 |

由表1-1和表1-2可以看出,武都县城危险度等级为Ⅰ级,其中甘家沟泥石流是极其发育的泥石流沟,具有流域的汇水面积大、可移动土石方量大、泥石流形成区山坡坡度陡、侵蚀模数大、泥石流最大冲出量多等特点。

### 1.1.4　仓园隧道工程概况

兰渝铁路建设标准为国铁Ⅰ级,双线电气化,客车速度目标值160km/h。其中仓园隧道位于甘肃省陇南市武都区汉王镇仓园村,隧道下穿甘家沟泥石流沟,进出洞口主要分布于第四系砂质黄土中,洞身大部分布于细角砾土,局部洞身为风化千枚岩。仓园隧道为单洞双线隧道,全长715m,隧道起讫里程DK378+170~DK378+885,地面高程在1010~1090m,相对高差约80m,最大埋深约80m,最浅埋深仅14m。整座隧道为8‰的下坡,左线83.181m位于$R$为10000m的曲线上,右线123.181m位于$R$为9995.533m的曲线上,其余均位于直线上。仓园隧道纵断面图见图1-8。

1) 工程地质特征

隧道通过地层主要为第四系全新统洪积细角砾土、粗圆砾土,第四系上更新统风积黄土、冲积砂质黄土、粗圆砾土及下伏的志留系千枚岩,详述如下。

(1) 第四系全新统($Q_4$)

①细角砾土[$Q_4(pl6)$]:黄灰及褐灰色,分布泥石流内,厚20~60m,砾石成分主要为千枚岩,磨圆度差,颗粒形状多呈尖棱或次棱状,分选性差,石质较软,稍密~中密,潮湿~饱和,Ⅱ级普通土,[$\sigma_0$]=350kPa。

②细圆砾土[$Q_4(pl6)$]:灰黄色,局部分布于泥石流左侧内,厚12~13m,砾石成分主要为千枚岩,磨圆度好,颗粒形状多呈浑圆状,石质较软,稍密~中密,潮湿,Ⅱ级普通土,[$\sigma_0$]=400kPa。

③粗圆砾土[$Q_4(pl6)$]:灰黄色,局部分布于泥石流左侧内,厚12~13m,砾石成分主要为千枚岩,磨圆度好,颗粒形状多呈浑圆状,石质较软,稍密~中密,潮湿,Ⅲ级硬土,[$\sigma_0$]=500kPa。

# 第1章 绪 论

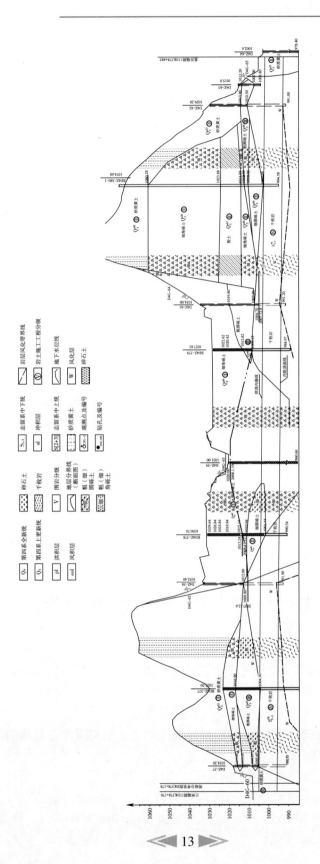

图 1-8 仓园隧道纵断面图

(2) 第四系上更新统($Q_3$)

①粉土[$Q_3(al2)$]：分布于隧道上部，厚 10～20m，灰色，少量孔隙，有砂质感，结构紧密，夹少量角砾。Ⅱ级普通土，[$\sigma_0$]=150kPa。

②砂质黄土[$Q_3(al3)$]：分布于隧道进出洞口，厚 10～20m，浅黄色，少量孔隙，有砂质感，结构紧密，零星分布白色蜗壳，夹少量角砾，具湿陷性。Ⅱ级普通土，[$\sigma_0$]=150kPa。

③细角砾土[$Q_3(al6)$]：主要以透镜状分布于砂质黄土中，灰黄色，厚 2～3m，砾石成分主要为千枚岩、石英岩等，分选一般，磨圆度差，多呈棱角状，中密，潮湿，Ⅲ级普通土，[$\sigma_0$]=400kPa。洞身不经过该土层。

④细圆砾土[$Q_3(al6)$]：主要以透镜状分布于砂质黄土中，灰黄色，厚 2～4m，砾石成分主要为千枚岩、石英岩等，分选一般，磨圆度好，多呈浑圆状，中密，稍湿，Ⅱ级普通土，[$\sigma_0$]=450kPa。

⑤粗圆砾土[$Q_3(al6)$]：主要以透镜状分布于砂质黄土中，灰黄色，厚 2～4m，砾石成分主要为千枚岩、石英岩等，分选一般，磨圆度好，多呈浑圆状，中密，稍湿，Ⅲ级普通土，[$\sigma_0$]=500kPa。

⑥卵石土[$Q_3(al7)$]：主要分布于隧道出口路肩下部，灰黄色，厚 2～4m，砾石成分主要为千枚岩，石英岩等，分选一般，磨圆度好，多呈浑圆状，中密，稍湿，Ⅲ级普通土，[$\sigma_0$]=600kPa。

(3) 志留系中下统($S_{2-3}$)

千枚岩[$S_{2-3}(Ph)$]：青灰色，成分以绢云母、绿泥石、石英、方解石等为主，鳞片粒状变晶结构，千枚状构造，岩质软弱，局部小褶曲发育，产状不稳定，强风化～弱风化，基岩露头处节理不易量取。片理产状为 N55°W/60°N。

根据临近工点千枚岩岩样试验，千枚岩属于易软化的软岩～较软岩。表层强风化，风化层厚 12～17m，Ⅳ级软石，[$\sigma_0$]=450kPa；弱风化岩体较完整，Ⅳ级软石，[$\sigma_0$]=600kPa。

2) 地质构造

隧道区在大的构造单元上处于秦岭纬向构造带和武都"山"字形构造体系的复合部位，构造作用主要表现为自中生代晚期开始大面积的缓慢抬升，岩体受到上述构造作用及白龙江—武都区域断裂带（F5 距隧道 1.5km）影响，沿白龙江两岸岩体节理裂隙发育，岩体较破碎。

隧道通过区，据调查未见大的褶皱，断裂构造和地质构造相对简单。

3) 水文地质特征

(1) 地表水特征

隧道范围内甘家沟内有少量地表流水，平时流量较少，在雨季有大的洪流。

(2) 地下水特征

根据 D4Z-59 钻孔提水试验成果，依据《铁路工程地质勘察规范》（TB 10012—2007）对环境水、土对混凝土侵蚀性的判定标准，隧道通过地段的地下水对混凝土具硫酸盐侵蚀，环境作用等级为 H3。

根据常规物探分析，甘家沟内洪积细角砾土内呈富水状。

根据 D4Z-59 钻孔提水试验成果，计算渗透系数 $K$=1.34m/d。利用裴布依公式，计算单位正常涌水量为 4080m³/(d·km)，单位最大涌水量为 12240m³/(d·km)。预测隧道通过甘家沟泥石流沟最大总涌水量为3219m³/d,且受季节降水的影响,涌水量变化较大。

4)特殊岩土

为全新统、上更新统冲积砂质黄土,厚10～20m,根据临近同一地貌单元的试验资料,砂质黄土具Ⅱ级自重湿陷性,湿陷厚10～12m。

5)不良地质

①隧道在DK378+380～DK378+643穿越的甘家沟为泥石流冲沟,总长263m。该泥石流沟规模大,是全国第二大泥石流冲沟,主要地质为圆砾土、角砾土和千枚岩,隧道在甘家沟埋深最浅处仅有14m。

②隧道进口段(DK362+185)有一黄土窑洞,窑洞宽约1.5m,高约2.5m,洞身长6～7m。

6)地震烈度及气象资料

(1)地震烈度

根据《中国地震动参数区划图》(GB 18306—2001),该区地震动峰值加速度0.20g(相当于地震基本烈度八度),地震动反应谱特征周期0.45s。

(2)气象资料

隧道处于甘肃省东南部陇南市武都区境内,属北亚热带湿润向暖温半湿润过渡的季风气候,年平均气压893.6hPa;年平均气温14.6℃;年平均降水量471.9mm;年平均蒸发量1507.1mm,年最大蒸发量2239.0mm;平均风速1.5m/s(主导风向ES);土壤最大冻结深度13cm,最冷月平均气温3.3℃。

## 1.2 泥石流堆积体隧道的定义及工程问题

1970年,国际经济合作与发展组织(OECD)召开的隧道会议综合了各种因素,对隧道所下的定义为:"以某种用途、在地面下以任何方法按规定形状和尺寸修筑的断面积大于2m²的洞室均为隧道。"泥石流堆积体隧道是指穿越泥石流堆积体内采用隧道结构形式的一种工程建筑物。

本书以仓园隧道工程为研究背景,以数值模拟、现场试验及理论分析为主要研究手段,针对泥石流堆积体隧道中的科学与技术问题,重点开展了下面几个方面的研究。

(1)泥石流堆积体隧道的围岩压力计算

①运用数值模拟软件建立单洞隧道的二维平面模型,研究压力拱的传力机理,以弹塑性理论为依据,确定压力拱的影响范围,并进一步确定压力拱的内外边界。压力拱内边界的判断条件为:将切向应力曲线与原岩应力曲线相交的位置作为压力拱的内边界,如果开挖前后的切向应力不存在交点,则以隧道轮廓作为内边界。压力拱外边界的判断条件为:将开挖后的切向应力与原岩应力做差值,若得到的差值曲线的驻点前后斜率均很小,曲线平滑且稳定,则认为拱顶以上土体形成了有效的压力拱,差值曲线的驻点处即为压力拱的外边界。

②根据压力拱的受力机理研究,确定基于压力拱理论的围岩压力计算方法。该方法认为围岩压力由两个部分组成:一部分为压力拱内边界以下的松动土体在自重作用下产生的围岩压力,另一部分为压力拱内部由于形变产生的围岩压力,并参照Winkler模型的理论,详细阐

述了由于压力拱的形变产生的围岩压力的计算方法。最后将这一计算方法与《铁路隧道设计规范》(TB 10003—2005)推荐的公式进行了比较与分析。

③基于压力拱理论的围岩压力计算方法会受到隧道埋深、跨度以及围岩物理力学参数等多个因素的影响,运用敏感性分析将以上因素进行逐个比较可以得到每个因素对围岩压力影响的强弱。考虑到隧道的围岩压力是由多个因素共同作用下的结果,为了找出各个因素与围岩压力的关系需要进行大量的相关计算。由于考虑的因素较多,为了能在不影响分析结果的前提下减少试验次数,将正交试验作为研究手段,最后运用 MATLAB 软件的多元线性回归计算模块对正交试验得到的数据进行分析,得出便于工程实际应用的围岩压力计算公式。

④考虑施工过程对围岩压力的影响,利用有限元软件模拟隧道施工过程,主要分析先行导洞的形成对后行导洞上方围岩产生的扰动,进而分析对后行导洞围岩压力的影响。随后将考虑施工影响的隧道围岩压力计算结果与相同条件下单洞隧道的围岩压力计算结果进行比较,以围岩压力的比值作为大跨隧道施工过程的影响系数,最后将影响系数添加到基于压力拱理论的单洞泥石流堆积体隧道围岩压力计算公式中,得出适用于大跨泥石流堆积体隧道的围岩压力计算公式。

(2)穿越泥石流体堆积隧道抗震设计

①计算分析全环间隔注浆法、全环接触注浆法、局部注浆法等注浆加固方案对泥石流堆积体隧道衬砌抗震设计效果,并优化注浆加固方案的注浆参数。

②在泥石流堆积体隧道抗震中,讨论设置减震层对泥石流堆积体隧道衬砌抗震设计效果分析。

(3)泥石流体堆积隧道施工方案优化

①泥石流堆积体隧道加固区范围及方法。计算分析地表地层、掌子面全部范围注浆加固、施作大拱脚及隧道基底采用树根桩加固等加固的范围及方法对控制泥石流堆积区隧道施工周边围岩大变形及掌子面位移效果、改善初期支护的受力及提高隧道基底承载力等的影响。

②泥石流堆积体隧道施工方法研究。结合兰渝线仓园隧道穿越泥石流堆积层这种特殊地质情况,为了保证施工安全及工期,采用地表地层和掌子面注浆加固、大拱脚及隧道基底树根桩加固等施工辅助措施后,借鉴以往施工经验,并通过对 CD 法、CRD 法、三台阶七步法和双侧壁导坑法等多种施工方法比选,选择采用合适的施工方法。在此基础上,对三台阶七步法中台阶长度、台阶高度、台阶错台距离及台阶开挖进尺等台阶参数进行分析,确定合理的台阶参数。

③泥石流堆积体隧道基底处理技术研究。对穿越甘家沟石流沟仓园隧道而言,此泥石流堆积体由粒径不同的圆砾土、角砾土和千枚岩以及部分夹杂砂质饱水黄土组成,由于形成时间很短,结构松散,密实性差,不具有稳定性,不能称其为"岩"。其孔隙率大,饱和水,且具有地下流动性,整体承载能力较低,在遇水侵蚀或较大荷载的作用下,会产生较大沉降。由于铁路运营速度较高,线路要求有较高的平顺性,对工后沉降要求比较严格。为保证铁路运营安全,有必要对穿越泥石流体隧道基底进行研究,确定泥石流堆积体隧道基底处理方法。

④泥石流堆积体隧道施工技术研究。通过在施工过程中,反复研究,不断探索,并结合数值模拟计算分析,最终形成穿越泥石流堆积体一整套施工技术;掌握其工法的施工工艺原理及

工法特点,并通过总结提升,形成穿越泥石流堆积体施工工法。

⑤泥石流堆积体隧道施工监控量测技术。现场监控量测是隧道施工管理的重要组成部分,它不仅能指导现场施工,预报险情,确保施工安全,为修正和确定初期支护参数、衬砌支护时间提供依据,还能为隧道工程设计与施工积累资料,为今后的设计和施工提供类比依据,因此,必须做好现场监控量测工作及监测数据分析,并进一步与数值模拟结果相验证。

# 第2章 压力拱效应研究

## 2.1 概述

在地上结构中,拱形结构在受到竖向荷载的作用下会产生水平方向的反力。由于水平推力的存在,拱的弯矩通常比跨度和荷载相同情况下的梁的弯矩小得多,并主要承受压力。而在地下工程中,压力拱概念是从应力场的角度推导出来的,不同于常见的地上拱形结构,它是难以观察却又真实存在的客观事实。隧道工程中的拱效应是指围岩在受力后出现变形,为了抵抗变形而发生力传递的偏离,是围岩在荷载作用下产生的自我调节以达到自稳的一种现象。即主应力大小发生变化且方向发生偏转,荷载传递路线发生偏离向隧道两侧传递,最终传递给类似于"拱脚"及"拱座"等稳定的岩体,并逐渐趋于稳定,围岩内产生类似于拱形结构切向楔紧的作用。于是在岩体的一定范围内产生了拱效应,从而达到自稳的效果。

关于压力拱的研究,最早提出隧道开挖中存在拱效应现象的是 Engesser,1882 年,通过对隧道顶部下沉的研究做出了无黏结材料中存在拱效应的判断;1943 年,太沙基通过活动门试验验证了土体中压力拱效应的存在,并对其进行了力学分析;2001 年,Huang Z 对自然拱的判别进行了研究。近年来,与压力拱效应相关的研究越来越多,包括压力拱的拱体几何形状的研究也都有所触及,在进行理论研究的同时,已经将部分研究成果应用到实际工程中进行优化、指导,并产生了很好的效果。

围岩按照现代隧道理论解释,既可以看作荷载,也可以视为支护结构的一部分,处于压力拱范围内的土体承担着自身以及其上土体的自重,是确保隧道不会塌落的力学特性结构。充分发挥围岩的自承能力,可以优化隧道设计,降低工程造价。

## 2.2 压力拱形成的力学机理分析

隧道开挖后将在隧道的周边形成很高的应力集中,当隧道周边的应力超过围岩的强度极限时会首先在此处产生破坏,围岩就由弹性状态转变为塑性状态,并形成塑性区,进而导致围岩的承载力降低,产生了应力降低区。高应力区域进一步向围岩深处转移,同时伴随的是围岩的进一步破坏,围岩降低区继续向深部扩展。然而,这一状况并不会无限进行下去,在破坏向围岩深部扩展过程中,围岩会由双向应力状态转为三向应力状态,第三主应力绝对值会逐渐增大,最终,当围岩的三个主应力值接近到一定程度后,围岩的承载能力将大于该处的应力值,从而阻止了松动区的发展，围岩也就由塑性状态逐渐转变为弹性状态。应力降低区的范围即为松动区的范围，在松动区以上的土体处于高应力区（也就是处于压力拱内部的土体），其围岩的承载能力大于此处的应力值且处于弹性状态，围岩具备较强的承载能力，认为压力拱处的围岩稳定，而弹性区以外则是应力基本上未产生变化的原岩应力区。

## 2.3　压力拱内外边界的确定

开挖后隧道周边应力状态如图 2-1 所示。在隧道开挖后，围岩受力状态根据弹塑性理论，由洞壁向外依次形成塑性区、弹性区和原岩状态区。隧道开挖卸荷引起的应力重分布超过围岩自身强度，那么靠近洞壁的围岩会首先发生破坏，围岩破坏导致应力释放，该处的切向应力会减小，压力拱会随着围岩的破坏逐渐向外扩展，直至稳定为止。应力状态与开挖前相比，洞壁处的径向应力 $\sigma_r$ 远远小于原岩应力 $\sigma_0$，随着与洞壁距离的增加又逐渐恢复到原岩状态。而围岩的切向应力 $\sigma_\theta$ 首先在洞壁处数值较小且低于原岩应力值，然后开始增加，随着与洞壁距离的增加，切向应力 $\sigma_\theta$ 也逐渐增大，逐渐高于原岩状态 $\sigma_0$，最后随着距离的继续增加，$\sigma_\theta$ 最终恢复到原岩应力状态 $\sigma_0$。将切向应力 $\sigma_\theta$ 大于原岩应力 $\sigma_0$ 的部分定义为压力拱的范围。根据上述分析，压力拱内外边界的判断条件为：将切向应力曲线与原岩应力曲线相交的位置定义为压力拱的内边界；将切向应力恢复到原岩应力的点定义为外边界。内边界至隧道洞壁土体成塑性状态定义为围岩松动区；压力拱的承压区，为开挖后切向应力高于开挖前原岩应力状态的部分；压力拱以外的岩体为原岩应力区。

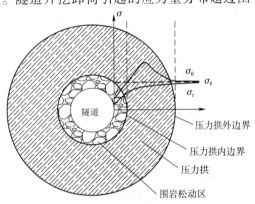

图 2-1　围岩压力拱的范围

## 2.4　基于数值模拟的压力拱研究

### 2.4.1　计算模型假设条件

采用大型有限元软件 ANSYS 对隧道开挖进行模拟。由于模拟软件的局限性，ANSYS 并不能完全模拟隧道开挖的真实情况，同时，实际中有很多影响因素难以确定，即使确定也会使分析计算变得非常复杂，甚至不可能实现，所以将模型进行一定的简化和假设，忽略一些不重要的因素有助于更好地理解压力拱的成拱原理和变化规律。具体假设如下：

①材料采用 Drucker-prager 屈服准则计算；
②研究的围岩为单一连续均质连续体，地表面水平，不考虑偏压影响；
③忽略地质构造应力；
④不考虑地下水的影响；

⑤不考虑支护结构对压力拱效应的影响。

研究的目的是隧道开挖后,围岩在自然条件下压力拱的形成以及规律的发展。同时,在实际施工中,不考虑支护结构的作用是偏于安全的。此外,若考虑支护的影响,则支护的参数取值不同势必会对压力拱的形成产生不同的影响,这就为研究压力拱增加了难度。另外,绝大部分学者在研究围岩压力时都没有考虑支护影响,故在模拟过程中也不考虑支护结构的作用。

### 2.4.2 平面模型建立

本文选用的是"地层—结构"模型来对隧道的开挖进行研究。由于地下工程的长度一般比较大,可以选择作为平面问题来处理,故选取二维平面计算模型。隧道的跨度为9m,埋深为50m,围岩级别为Ⅴ级,围岩参数按照《铁路隧道设计规范》(TB 10003—2005)取Ⅴ级围岩中间值,具体数值如表2-1所示。对于半无限平面问题,通过理论和实践分析表明,隧道开挖后的应力、应变仅在距洞室中心3~5倍洞跨的范围内存在实际影响,故左、右边界取3~5倍的开挖跨度。计算模型如图2-2所示,开挖方式为全断面开挖。

围岩及材料物理力学指标　　　　　　　　　表2-1

| 参数<br>围岩 | $\gamma(kN/m^3)$ | $E(GPa)$ | $\mu$ | $c(MPa)$ | $\varphi(°)$ |
|---|---|---|---|---|---|
| Ⅴ级围岩 | 18.5 | 1.5 | 0.4 | 0.125 | 23.5 |

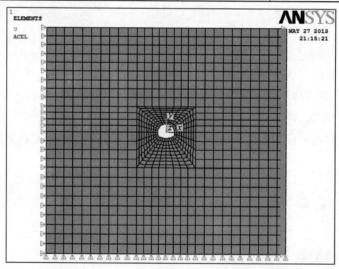

图2-2　二维平面有限元计算模型

### 2.4.3 受力结果分析

1)隧道开挖前后矢量场分析

根据上节所述,压力拱是从应力场的角度出发推导出来的。图2-3、图2-4分别为隧道开挖前后三个主应力矢量图(将图中隧道断面内的围岩进行了消隐,仅显示出了隧道轮廓线以外的围岩)。图2-3、图2-4中颜色最深、颜色中等、颜色最浅的箭头分别代表第一主应力、第二主应力和第三主应力。箭头的大小代表了主应力绝对值的大小,箭头向内表示为压应力,向外表示为拉应力,由于是二维平面模型,故每一节点只能显示出两个方向的应力。从图 2-3 中可以看出,隧道在开挖前,隧道轮廓附近的最大主应力方向都是向下的且呈受压状态,由上到下数值逐渐增大。通过比较开挖前后隧道洞顶同一位置处的应力矢量图可以明显看出,隧道拱顶附近范围最大主应力方向由竖直方向变为水平方向,而拱顶附近范围以外的主应力方向由水平方向又逐渐恢复到竖直方向,与开挖前的最大主应力矢量图一致。同时,开挖后主应力箭头大小也发生了明显改变,在隧道轮廓附近内的应力值较之与未开挖的相比有明显的减小,说明在拱顶附近应力发生了改变,箭头较小说明洞壁附近围岩应力很低,处于塑性状态,随着距隧道的距离增加,主应力仍然处于水平状态,认为拱顶的应力变化发生了类似于拱形结构相似的传力特点,产生了拱效应,而在拱顶一定范围以上的地方,随着应力状态逐渐恢复到开挖之前的状态,认为此处岩体没有产生拱效应,围岩处于原岩应力状态。

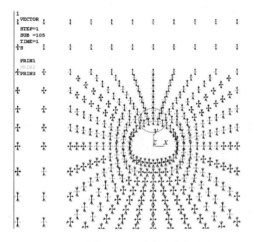 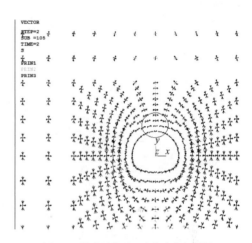

图 2-3　隧道开挖前三个主应力矢量图　　　　图 2-4　隧道开挖后三个主应力矢量图

2)隧道开挖后围岩应力场分析

图 2-5、图 2-6 分别为隧道开挖后水平应力和竖直应力云图。如图 2-5 所示,在拱腰附近范围内水平应力均低于原岩应力,且距离洞壁越近水平应力值降低得越多,拱顶以上一定范围内水平应力高于原岩应力,出现了应力升高区,升高区的范围即认为是压力拱的范围。图 2-6 表明在拱腰附近,洞壁的竖直应力低于原岩应力,随着与洞壁距离的增加,竖直应力逐渐高于原岩应力,然后又逐渐减小,最后回到原岩应力值。研究认为,出现这种情况的原因是压力拱的荷载传递路线发生偏离,向隧道两侧传递,最终传递给"拱脚"及"拱座"等稳定的岩体,并逐渐趋于稳定。拱顶以上范围的竖直应力一直低于原岩应力,但随着与洞壁的距离增加,降低的值越小,最后也趋于原岩应力值。

3)隧道开挖后围岩位移场分析

图 2-7 为隧道开挖后的位移减去初始平衡后的位移云图,图 2-7a)显示拱顶和仰拱处都产生了向隧道内的竖向位移,最大值发生在拱顶处;从图 2-7b)可以看出,拱腰一定范围内产生了向着隧道内的水平位移,最大值发生在拱腰中间处,拱顶和仰拱几乎没有发生水平位移。

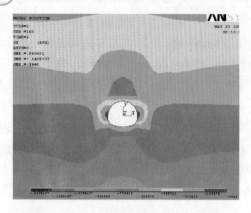
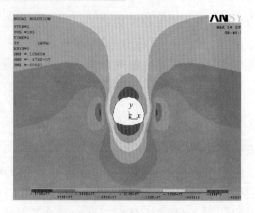

图 2-5 隧道开挖后水平应力云图　　　　　图 2-6 隧道开挖后竖直应力云图

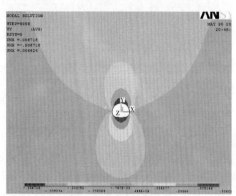
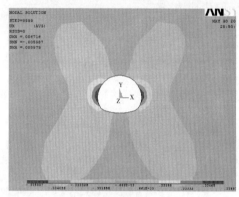

a) 竖直方向位移云图　　　　　　　　　　b) 水平方向位移云图

图 2-7 隧道开挖后的位移减去初始平衡后的位移云图

4) 隧道典型位置围岩路径应力变化规律分析

根据以上分析,隧道拱顶和拱腰应力变化显著,且围岩应力变化与围岩距洞壁的距离密切相关,为了研究其变化规律,现分别定义拱顶和拱腰到边界的路径,起点为隧道洞壁,终点为模型边缘,如图 2-8 所示。

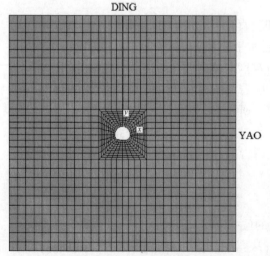

图 2-8 应力路径示意图

DING 为从拱顶到自由地面的路径,YAO 为左侧拱腰到固定边的路径。由于隧道关于 $y$ 轴对称,左右拱腰的结果一致,故只取一边的路径。仅在这两条路径上的水平和竖直方向的应力,其值可以作为极坐标系下的径向应力或切向应力。利用这两条路径分别将开挖前后的径向应力与切向应力进行比较。路径的应力变化规律如图 2-9 所示。

隧道拱顶处应力沿路径变化规律如图 2-9a) 所示。开挖后的径向应力总是低于原岩应力,切向应力在洞壁处也低于原岩应力,但随着与洞壁距离的增加又逐渐高于原岩应力,切向应力成为最大主应力,主应力发生了偏转,切向应力升高部分为压力拱的范围。随后,开挖后的径向应力与切向应力都逐渐趋于原岩应力。由于距地表距离的逐渐减小,无论开挖前还是开挖后的各应力值也都会逐渐减小。隧道拱腰处应力沿路径变化规律如图 2-9b)所示。由于定义路径上的围岩处在同一深度位置,开挖前的切向应力与径向应力均保持不变,在图中显示为两条水平的直线,而开挖后的切向应力,在洞壁处的数值较小,切向应力随着距离的增加急剧增大,产生了类似"拱脚"或"拱座"的作用,随后又趋于原岩应力值。开挖后径向应力在隧道洞壁处数值较小,随着距离的增加,数值逐渐增大,在距离洞壁 8m 左右处,开挖后的径向应力出现了略微大于原岩应力的数值,这是因为此处为压力拱承载基础的位置,此处土体除承受其上的自重应力外,还承受着通过压力拱传来的压力,故数值大于原岩应力,之后,随着距离的继续增加,这一现象消失。

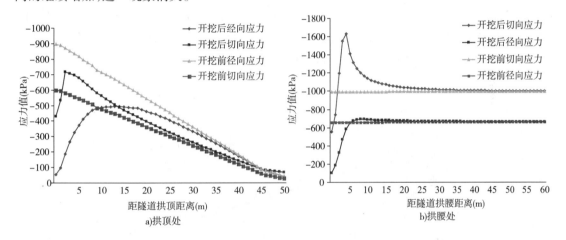

图 2-9　隧道典型位置应力变化规律

已有的文献认为,压力拱的形态为一个封闭的环状体,这并不符合拱结构的形式和受力特点。在拱结构中,受到竖直方向荷载的拱体内部会将其转化为拱的切向应力,并传递到基础或拱趾,其应力传递过程不是一个环状体。通过观察拱顶和拱腰到边界路径各点的应力变化规律图,可以看出拱腰的应力变化规律明显不同于拱顶。如图 2-9b)所示,拱腰处的切向应力在距洞壁一定范围内发生了很明显的应力集中现象,而且在数值上也远大于拱顶处切向应力的最大值,认为拱腰以及拱脚处产生了类似于拱形结构拱趾的承重作用。在本算例中,认为只有拱顶产生了压力拱效应,而拱腰附近的围岩起到了压力拱受力基础的作用。

### 2.4.4　压力拱内边界定量判断

根据 2.3 节关于确定压力拱内边界的方法,开挖后的切向应力曲线与原岩应力曲线相交的位置即定义为压力拱的内边界。然而,仅从图 2-9 中并不能精确地判断出压力拱的内边界,为此通过 ANSYS 后处理功能提取部分开挖前后拱顶处路径上各点的切向应力的数据,见表 2-2。

从表 2-2 中可以看出,在路径上距离隧道拱顶 1m 处的切向应力的差值为正值,而在 2m 处的切向应力的差值为负值。说明距拱顶 1～2m 存在应力差值为 0 的位置。利用内插法求得应力相等的位置距离隧道拱顶为 1.48m。

通过 ANSYS 后处理的跨度为 9m 的隧道部分开挖前后切向应力拱汇总表　　表 2-2

| 距拱顶距离(m) | 开挖后切向应力(kPa) | 开挖前切向应力(kPa) | 应力差值(kPa) |
| --- | --- | --- | --- |
| 0 | -426 | -625 | 199 |
| **1** | **-536** | **-619** | **83** |
| 2 | -720 | -606 | -114 |
| 3 | -728 | -593 | -135 |
| 4 | -719 | -581 | -138 |

然而，通过大量的数值计算发现，当模型的围岩物理力学参数较好或隧道埋深较浅时，开挖后的切向应力曲线会始终在原岩应力曲线之上，图 2-10 为相同隧道模型下，埋深为 30m 时隧道开挖前后切向应力比较。从图中可以看出，开挖后的切向应力始终大于原岩应力，认为围岩处于弹性状态，即没有产生松动区。因此，当开挖前后的切向应力没有产生交点时，即认为在围岩内不存在压力拱的内边界，而是直接以隧道轮廓作为内边界。

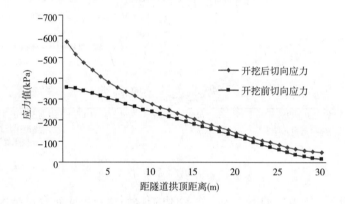

图 2-10　埋深为 30m 的隧道开挖前后切向应力

## 2.4.5　压力拱外边界定量判断

根据 2.3 节的论述，压力拱的外边界以开挖后的切向应力恢复到原岩应力的点作为外边界，但是通过很多的算例发现，拱顶处开挖后的切向应力很难恢复到原岩应力值，因此需要定量地确定出压力拱的外边界。选择不同的模型进行比较，图 2-11a)、b) 分别为跨度 5m 和 9m、埋深均为 50m 模型的拱顶处路径上各点的开挖前后切向应力曲线。

从图 2-11a) 中可以看出，当隧道的跨度较小时，随着距离的增大，高于原岩应力的开挖后切向应力曲线逐渐恢复到原岩应力状态，可以看出两条曲线近乎密贴。从图 2-11b) 中可以看出，当隧道的跨度较大时，虽然开挖后切向应力曲线形状与图 2-11a) 相似，随着与隧道距离的逐渐增加，也会回到原岩应力状态，但与图 2-11a) 作比较发现，两条曲线呈近似平行的状态而不再密贴。这是因为洞径为 5m 的隧道跨度较小且埋深较深，所以处于以上的土体受到的扰动较小，土体在开挖前后的应力状态几乎没有改变；而跨度为 9m 的隧道开挖后的曲线没有恢复到原岩应力水平，是因为开挖后土体受到扰动较大，土体产生松动形变，不再与未开挖时完全一致，但从图 2-11b) 中可以看出，在距拱顶一定距离后，开挖后的切向应力已经趋于稳定，认为隧道上方形成了有效的压力拱,而根据2.3节的论述,认为该隧道模型在开挖后切向应力始终没有恢复到原岩应力水平,这样就很难确定压力拱的外边界,因而有必要提出一个定量的判断方法。

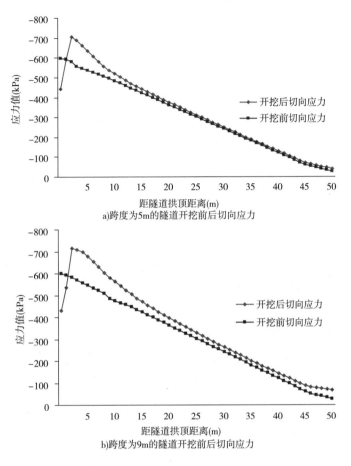

图2-11 不同跨度切向应力比较

李英杰建议,将选择切向应力降低到原岩应力5%处作为外边界点。但根据表2-3的数据显示,该方法并不能确定压力拱的外边界。

表2-3列出了路径上部分点的开挖前后的切向应力数值,根据表2-3和图2-11b)可知,随着与拱顶距离的逐渐增加,开挖前后的应力差值与原岩应力的比值逐渐减小,但始终不能达到5%,若按照李英杰的建议,则不能确定出外边界。继续比较这两个开挖断面,若将开挖前后切向应力差值形成一条曲线,则如图2-12所示。

由图2-12可以看出,无论洞径是多少,其开挖前后切向应力差值曲线形式相差无几。观察图2-12b),可以发现曲线在35m左右斜率变化平缓,认为在压力拱以外的曲线能够保持稳定,随后,由于地表沉降土体受到扰动,差值又开始增大。但无论怎样,应力差值与原岩应力比值都不会小于5%。因此,可以依据差值曲线的驻点来判断压力拱的外边界。同时,利用ANSYS后处理提供的数据可以根据斜率的正负变化处精确地判断出压力拱的外边界。将文献[13]提供的判断方法与本文通过判断驻点的方法进行比较,如表2-4所示。

跨度为 9m 的隧道开挖前后切向应力拱汇总表  表 2-3

| 距拱顶距离（m） | 开挖后切向应力（kPa） | 开挖前切向应力（kPa） | 应力差值（kPa） | 应力差值与原岩应力比值（%） |
|---|---|---|---|---|
| 11 | -542.36 | -465.97 | -76.39 | 16.39 |
| 12 | -523.03 | -456.17 | -66.86 | 14.66 |
| 13 | -503.71 | -446.38 | -57.33 | 12.84 |
| 14 | -486.15 | -435.54 | -50.61 | 11.62 |
| 15 | -470.81 | -423.40 | -47.41 | 11.20 |
| 16 | -455.47 | -411.26 | -44.21 | 10.75 |
| 17 | -440.13 | -399.12 | -41.01 | 10.28 |
| 18 | -424.78 | -386.99 | -37.79 | 9.77 |
| 19 | -410.52 | -374.87 | -35.65 | 9.51 |
| 20 | -396.38 | -362.76 | -33.62 | 9.27 |
| 21 | -382.25 | -350.64 | -31.61 | 9.01 |
| 22 | -368.11 | -338.53 | -29.58 | 8.74 |
| 23 | -354.26 | -326.42 | -27.84 | 8.53 |
| 24 | -340.97 | -314.32 | -26.65 | 8.48 |
| 25 | -327.69 | -302.22 | -25.47 | 8.43 |
| 26 | -314.40 | -290.13 | -24.27 | 8.37 |
| 27 | -301.11 | -278.03 | -23.08 | 8.30 |
| 28 | -288.30 | -265.93 | -22.37 | 8.41 |
| 29 | -275.64 | -253.84 | -21.80 | 8.59 |
| 30 | -262.98 | -241.75 | -21.23 | 8.78 |
| 31 | -250.31 | -229.65 | -20.66 | 9.00 |
| 32 | -237.77 | -217.56 | -20.21 | 9.29 |
| 33 | -225.65 | -205.47 | -20.18 | 9.82 |
| 34 | -213.54 | -193.38 | -20.16 | 10.43 |
| 35 | -201.42 | -181.29 | -20.13 | 11.10 |
| 36 | -189.30 | -169.20 | -20.10 | 11.88 |
| 37 | -177.57 | -157.10 | -20.47 | 13.03 |
| 38 | -166.04 | -145.01 | -21.03 | 14.50 |
| 39 | -154.50 | -132.92 | -21.58 | 16.24 |
| 40 | -142.96 | -120.83 | -22.13 | 18.31 |

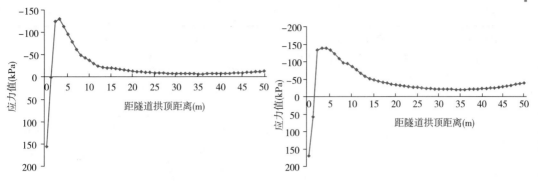

a) 跨度为5m的隧道开挖前后切向应力差值曲线　　　　b) 跨度为9m的隧道开挖前后切向应力差值曲线

图 2-12　不同跨度切向应力差值曲线比较

**跨度为 5m 的隧道开挖前后部分切向应力值**　　　　表 2-4

| 距拱顶距离<br>（m） | 开挖后切向应力<br>（kPa） | 开挖前切向应力<br>（kPa） | 应力差值<br>（kPa） | 应力差值<br>与原岩应力比值（%） | 斜率 |
|---|---|---|---|---|---|
| 11 | -502.54 | -471.37 | -31.17 | 6.61 | -5.78 |
| 12 | -484.67 | -459.28 | -25.39 | 5.53 | -3.04 |
| **13** | **-469.54** | **-447.19** | **-22.35** | **5.00** | **-1.21** |
| 14 | -456.25 | -435.11 | -21.14 | 4.86 | -1.22 |
| 15 | -442.95 | -423.03 | -19.92 | 4.71 | -1.22 |
| 16 | -429.65 | -410.95 | -18.7 | 4.55 | -1.22 |
| 17 | -416.35 | -398.87 | -17.48 | 4.38 | -1.23 |
| 18 | -403.03 | -386.78 | -16.25 | 4.20 | -1.24 |
| 19 | -389.70 | -374.69 | -15.01 | 4.01 | -1.24 |
| 20 | -376.37 | -362.60 | -13.77 | 3.80 | -1.24 |
| 21 | -363.04 | -350.51 | -12.53 | 3.57 | -1.11 |
| 22 | -349.84 | -338.42 | -11.42 | 3.37 | -0.59 |
| 23 | -337.17 | -326.34 | -10.83 | 3.32 | -0.58 |
| 24 | -324.50 | -314.25 | -10.25 | 3.26 | -0.59 |
| 25 | -311.83 | -302.17 | -9.66 | 3.20 | -0.58 |
| 26 | -299.16 | -290.08 | -9.08 | 3.13 | -0.44 |
| 27 | -286.63 | -277.99 | -8.64 | 3.11 | -0.32 |
| 28 | -274.23 | -265.91 | -8.32 | 3.13 | -0.31 |
| 29 | -261.83 | -253.82 | -8.01 | 3.16 | -0.31 |
| 30 | -249.43 | -241.73 | -7.7 | 3.19 | -0.32 |
| 31 | -237.03 | -229.65 | -7.38 | 3.21 | -0.13 |
| 32 | -224.81 | -217.56 | -7.25 | 3.33 | -0.08 |
| 33 | -212.64 | -205.47 | -7.17 | 3.49 | -0.10 |

续上表

| 距拱顶距离（m） | 开挖后切向应力（kPa） | 开挖前切向应力（kPa） | 应力差值（kPa） | 应力差值与原岩应力比值(%) | 斜率 |
|---|---|---|---|---|---|
| 34 | -200.46 | -193.39 | -7.07 | 3.66 | -0.08 |
| 34.25 | -200.01 | -193.21 | -6.74 | 3.47 | -0.04 |
| 34.5 | -197.06 | -190.36 | -6.71 | 3.52 | -0.12 |
| 34.75 | -194.01 | -187.34 | -6.70 | 3.56 | -0.08 |
| 35 | -190.97 | -184.32 | -6.67 | 3.61 | -0.12 |
| 35.25 | -187.92 | -181.3 | -6.65 | 3.65 | -0.08 |
| 35.5 | -184.88 | -178.28 | -6.62 | 3.70 | -0.08 |
| **35.75** | **-181.84** | **-175.26** | **-6.60** | **3.75** | **-0.08** |
| **36** | **-178.79** | **-172.23** | **-6.58** | **3.81** | **0** |
| **36.25** | **-175.77** | **-169.21** | **-6.56** | **3.88** | **0.08** |
| 36.5 | -172.78 | -166.19 | -6.56 | 3.97 | 0.08 |
| 36.75 | -169.78 | -163.17 | -6.59 | 4.05 | 0.12 |
| 37 | -166.79 | -160.15 | -6.61 | 4.15 | 0.08 |
| 37.25 | -163.79 | -157.13 | -6.64 | 4.24 | 0.16 |
| 37.5 | -160.80 | -154.1 | -6.66 | 4.35 | 0.12 |
| 37.75 | -157.81 | -151.08 | -6.70 | 4.45 | 0.08 |
| 38 | -152.24 | -145.04 | -7.2 | 4.96 | 0.13 |
| 39 | -140.28 | -132.95 | -7.33 | 5.51 | 0.14 |
| 40 | -128.33 | -120.86 | -7.47 | 6.18 | 0.23 |

根据表2-4可知,若以开挖前后应力差值与原岩应力比值小于5%作为判断外边界标准,则该模型距隧道拱顶13m处即为压力拱的外边界。但继续观察发现,随着距离的增加,其应力的差值还会继续减小,这并不符合2.3节所提出"将切向应力恢复到原岩应力的点定义为外边界"的结论。

为便于更加清晰地分析差值曲线驻点处的数据,在ANSYS中增大路径上各点的间隔密度,间隔距离由1m变为0.25m,并将差值曲线驻点处的加密列于表中。通过表2-4可知,以差值曲线的驻点来判断压力拱的外边界更符合2.3节关于压力拱外边界定义的描述,以该方法判断出压力拱的外边界为36.00m。

通过对大量模型的数值计算发现,若隧道埋深过浅,开挖前后切向应力差值曲线并不稳定。图2-13为在相同围岩条件,同为隧道跨度在9m的条件下,埋深为25m的隧道开挖前后切向应力差值曲线。

由图2-13可以看出,曲线从拱顶至地表的变化一直不稳定,对比图2-11,没有发现曲线能够保持一段平缓变化的部位,为便于观察,将具体数值列于表2-5中。

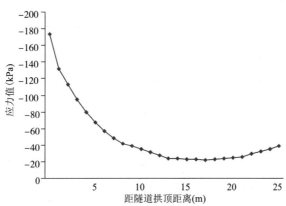

图 2-13 埋深为 25m 的隧道开挖前后切向应力差值曲线比较

**埋深为 25m 的隧道开挖前后部分切向应力值**　　　表 2-5

| 距拱顶距离（m） | 开挖后切向应力（kPa） | 开挖前切向应力（kPa） | 应力差值（kPa） | 应力差值与原岩应力比值(%) | 斜率 |
|---|---|---|---|---|---|
| 15 | -144.33 | -121.18 | -23.15 | 19.10 | -0.48 |
| 15.25 | -141.17 | -118.14 | -23.03 | 19.49 | -0.48 |
| 15.5 | -138.01 | -115.1 | -22.91 | 19.90 | -0.52 |
| 15.75 | -134.85 | -112.07 | -22.78 | 20.33 | -0.48 |
| 16 | -131.69 | -109.03 | -22.66 | 20.78 | -0.48 |
| 16.25 | -128.53 | -105.99 | -22.54 | 21.27 | -0.48 |
| 16.5 | -125.37 | -102.95 | -22.42 | 21.78 | -0.5 |
| 16.75 | -122.21 | -99.915 | -22.295 | 22.31 | -0.492 |
| 17 | -119.05 | -96.878 | -22.172 | 22.89 | 0.932 |
| 17.25 | -116.25 | -93.845 | -22.405 | 23.87 | 0.976 |
| 17.5 | -113.46 | -90.811 | -22.649 | 24.94 | 0.972 |
| 17.75 | -110.67 | -87.778 | -22.892 | 26.08 | 0.972 |
| 18 | -107.88 | -84.745 | -23.135 | 27.30 | 0.932 |

将埋深为 50m 的隧道数据与表 2-4 作比较可以看出，虽然在 17m 附近的位置也出现了驻点，但在斜率正负号改变前后斜率值较大，曲线不是平缓的，则认为开挖后的切向应力没有逐渐回归到原岩应力值，即不存在压力拱的外边界，该隧道模型没有形成有效的压力拱。

因此，判断外边界的方法为：将开挖后的切向应力与原岩应力做差值，若在曲线的驻点前后的斜率变化在 10% 以内，曲线平滑且稳定，则认为拱顶以上土体形成了有效的压力拱，驻点处即为压力拱的外边界。

根据上述判断方法，得到埋深为 50m、跨度为 9m 的压力拱内外边界，具体数值见表 2-6。

压力拱边界统计表       表 2-6

| 围岩所在范围位置 | 拱 顶 | | 拱 腰 | |
|---|---|---|---|---|
| 距洞壁距离(m) | 内边界 | 外边界 | 内边界 | 外边界 |
|  | 1.48 | 36.00 | 1.54 | 19.5 |

## 2.5 小结

①以弹塑性理论为依据,对隧道开挖后由洞壁向外的围岩受力状态依次进行了解释,并从应力变化的角度出发,对由洞壁向外的围岩进行了划分,形成了压力拱以下的围岩松动区、压力拱承压区和压力拱之外的原岩应力区。

②采用数值模拟的方法对开挖后形成的隧道洞周围岩进行分析。通过开挖前后主应力矢量图的比较,能够从图中定性地看出应力的偏转,对比开挖前后的切向应力云图,可以看出切向应力升高区形成了压力拱承压区。

③对隧道拱顶和拱腰到模型边界进行了路径定义,并分析了这两条路径上的应力变化规律,得到了压力拱内外边界的判别方法。压力拱内边界的判断条件为:将切向应力曲线与原岩应力曲线相交的位置作为压力拱的内边界,如果开挖前后的切向应力不存在交点,则以隧道轮廓作为内边界。压力拱外边界的判断条件为:将开挖后的切向应力与原岩应力做差值,若在曲线驻点前后的斜率变化为10%以内,曲线平滑且稳定,则认为拱顶以上土体形成了有效的压力拱,驻点处即为压力拱的外边界。

# 第3章 基于压力拱理论的围岩压力计算

## 3.1 围岩压力概述

准确地计算出围岩压力一直是地下工程领域的基础性研究课题。一直以来,设计者希望可以像解决地上结构一样来计算地下结构所受到的荷载。因此,对围岩压力的研究和探索从来没有停止过。设计者对围岩压力的认识经历了一个逐渐发展和完善的过程。最初仅仅把支护视为一种结构,其上承受的岩体是形成围岩压力的来源,两者之间没有相互的作用。在这观点上,围岩压力表示为作用在支护结构上的荷载。但随着对围岩压力研究的逐渐深入,认识到围岩压力是部分围岩与支护结构共同承受的。

隧道在开挖之前,岩体处于初始应力平衡状态,当隧道开挖之后,岩体的初始地应力平衡受到破坏,产生应力重分布,从而使岩体产生变形,当变形达到岩体的极限应变时,围岩即产生破坏。但若是在围岩产生变形之前及时进行支护结构的施作来阻止围岩的继续变形,进而阻止围岩塌落破坏,则围岩就会对支护结构产生压力,即产生了围岩压力。因此,围岩压力是指由于开挖而引起的隧道周围岩体和支护变形或破坏的作用力。它包括由于围岩变形而作用在支护结构上的作用力以及由地应力引起的围岩应力。

## 3.2 现有规范采用的深埋隧道围岩压力计算方法

我国现行的《铁路隧道设计规范》(TB 10003—2005)中,深埋隧道的围岩压力计算公式是根据对400多座山岭隧道的1025个塌方资料进行统计分析,建立的以塌方高度为依据的铁路隧道松弛压力计算方法。

单线铁路隧道按概率极限状态设计时的垂直压力公式为:

$$q = \gamma \times h_q = 0.41 \times 1.79^S \times \gamma \tag{3-1}$$

单线、双线以及多线铁路隧道按破坏阶段设计时的垂直压力公式为:

$$q = \gamma \times h_q = 0.45 \times 2^{S-1} \times \gamma w \tag{3-2}$$

式中:$h_q$——等效荷载高度值;

$S$——围岩级别;

$\gamma$——围岩的重度;

$w$——宽度影响系数。

$w$ 值为:

$$w = 1 + i(B - 5) \quad (3\text{-}3)$$

其中,当隧道跨度 $B > 5\text{m}$ 时,取 $i = 0.1$;当 $B < 5\text{m}$ 时,取 $i = 0.2$。

## 3.3 基于压力拱理论的围岩压力介绍

压力拱理论认为,隧道开挖后围岩会发生应力重分布,由洞壁向外一定深度内,围岩依次形成了压力拱以下的松动区、压力拱拱体的承压区以及压力拱之外的原岩状态区。根据第2章关于压力拱的判断,当隧道开挖完成后,在压力拱以下的土体,其切向应力小于原岩应力,产生了应力松弛现象,即认为该部分土体发生了破坏。破坏的土体在自重作用下对隧道的支护结构产生松动压力。与此同时,在压力拱内部的土体虽然其应力高于开挖前原岩应力,拱内的土体不会产生松动应力,但是,压力拱内部的土体由于承受自身重力及其以上土体的压力而产生了一定的变形,通过压力拱内部的土体对支护结构产生了作用力。因此,隧道的围岩压力包括两个部分:一部分是由于压力拱以下土体松动产生的松动压力,另一部分是由于压力拱拱体压缩变形而作用到支护结构上的压力。

由于本书关于围岩压力的计算是以压力拱为理论基础的,因此,当根据第2章所论述的方法判断隧道没有形成有效的压力拱时,不能以本章的方法来计算围岩压力。

## 3.4 基于压力拱理论围岩压力计算方法与规范法的比较

为了便于了解压力拱理论围岩压力计算方法的运用及验证此方法的正确性,选择一种工况应用该方法进行计算,同时应用规范给出计算围岩压力的计算结果与之比较。选取跨度为14m,埋深为70m,围岩参数为V级围岩中间值的隧道模型进行计算。依托隧道断面如图3-1所示。

### 3.4.1 基于压力拱理论围岩压力的确定方法

根据上述论断,围岩压力由两部分组成:
①压力拱内边界至隧道洞顶的土体在自重的作用下对隧道的支护结构产生松动压力 $p_1$:

$$p_1 = \gamma \cdot H_1 \quad (3\text{-}4)$$

式中:$\gamma$——土体的重度;
$H_1$——内边界至隧道洞顶的厚度。
②压力拱拱体压缩变形而作用到支护结构上的压力 $p_2$:

$$p_2 = k \cdot s \quad (3\text{-}5)$$

式中:$k$——压力拱土体的刚度;
$s$——拱体产生的压缩位移值。
综上所述,可知围岩压力值 $p$ 为:

$$p = p_1 + p_2 = \gamma \cdot H_1 + k \cdot s \quad (3\text{-}6)$$

按照第2章压力拱理论确定出压力拱的内边界,根据式(3-4)即可将 $p_1$ 求出,所以在计算围岩压力时主要是求解 $p_2$。

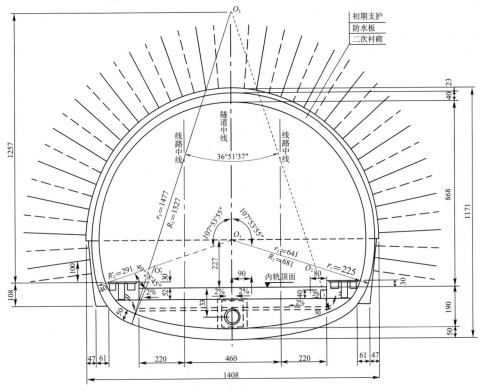

图 3-1 依托隧道断面

参照 Winkler 模型的理论，将岩土体简化成连续介质和具有线弹性性质的材料。Winkler 模型是在地下结构中经常应用的一种线弹性地基计算模型，模型认为地基表面任意一点的压力值 $p$ 与该点的位移 $s$ 成正比，即 $p(x,y)=k \cdot s(x,y)$。式中，$k$ 为地基基床系数，这样即将土体假设成多个独立且互不影响的弹簧，虽然这与实际情况有一定的出入，但这样一来却使分析成为可能。将压力拱拱体也看成一个弹性体，受到自身以及其上土体的重力产生了一定的变形 $s$，设压力拱拱体的刚度为 $k$，变形与刚度的乘积即为所受到的力 $p_2$。Winkler 模型中 $k$ 值与变形模量 $E$ 和泊松比 $\mu$ 有关。当下卧层离基底的深度在 $1/4 \sim 1/2$ 底宽内时，Gorbunov-Posadov 建议按胡克定律计算 $k$ 值：

$$k = \begin{cases} \dfrac{E}{H} & \text{（当压缩层两个侧面均自由时）} \\ \dfrac{E}{(1-\mu^2)H} & \text{（当压缩层只有一个侧面可自由变形）} \\ \dfrac{(1-\mu)E}{(1+\mu)(1-2\mu)H} & \text{（当压缩层两个侧面均不允许自由变形时）} \end{cases} \quad (3-7)$$

则根据式(3-7)可知，压力拱的刚度 $k$ 为：

$$k = \dfrac{E}{H_2} \quad (3-8)$$

式中：$E$——土体的弹性模量；

$H_2$——压力拱厚度。

压力拱拱体的压缩位移值 $s$ 可以通过 ANSYS 数值解求出。根据第二章判断压力拱范围的方法,通过定义拱顶至地表的路径,取弹性区域内的土体位移值作为 $s$,根据弹塑性原理,认为土体切向应力最大值点所对应的位移值即为弹性体的位移值 $s_1$,如图 3-2 所示。

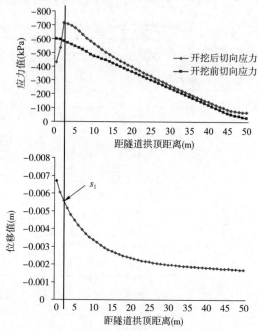

图 3-2 切向应力与开挖后路径位移关系图

但最大切向应力所对应土体的位移值 $s_1$ 并不仅仅是压力拱拱体的位移值,其中还包含了由于受到开挖而引起拱体整体下沉值,因此要剔除拱体的整体下沉值 $s_2$。在确定出压力拱的内外边界后,选取压力拱中间位置的位移值作为拱体整体下沉值 $s_2$,同时该点的位移值又包含着该点处土体的变形值,即应变值与单位长度的乘积,在定义路径时,每一点的距离为 1m,而该点的变形值是要保留的。综上所述,弹性拱体的变形值 $s$ 为:

$$s = s_1 - s_2 \tag{3-9}$$

$$s_2 = s_3 - \varepsilon \times 1 \tag{3-10}$$

式中:$s_1$——开挖后切向应力最大值所对应的位移值;

$s_2$——拱体的整体下沉值;

$s_3$——压力拱中间位置点的位移值;

$\varepsilon$——压力拱中间位置点的应变值。

①根据给出的隧道断面尺寸,建立 ANSYS 二维平面模型,定义出拱顶和拱腰到模型边界的路径,模拟开挖过程,最终得到路径上各点开挖前后的切向应力与位移和应变的数据。

②通过第 2 章的方法判断出隧道形成了有效的压力拱,其内边界距隧道拱顶的距离为 2.86m,外边界距隧道拱顶的距离为 50.72m。

③根据式(3-4),可知 $p_1 = 52.91 \text{kPa}$。

④由 ANSYS 计算结果可知,切向应力最大值点的位移值 $s_1$ 为 0.013514m,压力拱中间位

置的位移值 $s_3$ 为 0.008112m，压力拱中间位置点的应变值 $\varepsilon$ 为 0.000112。根据式(3-9)、式(3-10)可求出弹性拱体的变形值 $s=0.005514$m。

已知 V 级围岩的弹性模量 $E$ 为 1.5GPa，压力拱的厚度 $H_2$ 为压力拱内外边界的差值(即 47.86m)，根据式(3-8)可求得压力拱的刚度 $k=0.313\times10^8$kN/m$^3$。

利用式(3-5)得到压力拱的形变压力 $p_2=172.79$kPa。

⑤最后，通过式(3-6)得到基于压力拱理论的围岩压力值 $p=225.7$kPa。

### 3.4.2 按规范方法的围岩压力计算结果

根据《铁路隧道设计规范》(TB 10003—2005)，本算例属于深埋隧道。按照式(3-3)算出隧道的垂直压力为 $q=253.08$kPa。

通过对比以上两种计算方法，可以看出基于压力拱理论的计算方法得到的围岩压力值略小于规范给定公式所算出的压力值。分析计算式(3-3)，在公式中并没有涉及隧道埋深的参数，仅是与隧道跨度和围岩物理力学参数等因素有关，而基于压力拱理论的围岩压力计算方法考虑的因素较多，其数值还会受到围岩的物理力学参数和开挖方法等因素的影响，具体分析将在第4章中给出。

## 3.5 小结

①主要介绍了基于压力拱理论的围岩压力计算方法。该方法认为围岩压力主要有两部分组成：一部分是由于压力拱以下土体松动产生的松动压力；另一部分是由于压力拱拱体压缩变形而作用到支护结构上的压力。并以 Winkler 模型为基础，详细阐述了由于压力拱的形变产生的围岩压力的计算方法：将压力拱拱体看成一个弹性体，受到自身以及其上土体的重力产生了一定的变形 $s$，设压力拱拱体的刚度为 $k$，变形与刚度的乘积即为支护结构所受到的力。

②将基于压力拱理论的围岩压力计算方法与规范中计算深埋隧道围岩压力的计算公式进行对比，通过比较计算结果发现，基于压力拱理论的围岩压力计算方法得到的数值略小于由规范得到的数值，同时分析规范计算公式可知公式中并没有涉及隧道埋深的参数，仅是与隧道跨度和围岩物理力学参数等因素有关，而基于压力拱理论的围岩压力计算方法考虑的因素较多。

# 第4章 压力拱理论计算围岩压力方法分析

## 4.1 概述

第3章的计算表明,基于压力拱理论的围岩压力计算会受到多个因素的影响,本章利用参数敏感性分析法来研究隧道的埋深、跨度、围岩的物理力学参数以及台阶法施工对基于压力拱理论的围岩压力计算的影响,从而分析出各影响因素对围岩压力影响大小。鉴于第3章关于围岩压力的计算方法比较复杂,不利于实际工程的应用,通过大量隧道模型的计算数据分析将基于压力拱理论的围岩压力计算方法简化为一个实用的计算公式。

## 4.2 参数敏感性分析法介绍

参数敏感性分析法是系统分析中分析系统稳定性的众多方法之一。具体定义如下:假设存在一个系统,该系统的某一项特性 $P$ 主要由 $n$ 个因素 $\alpha = \{\alpha_1, \alpha_2, \cdots, \alpha_n\}$ 决定,$P$ 是 $\alpha$ 的函数,可以写成 $P = f\{\alpha_1, \alpha_2, \cdots, \alpha_n\}$。假设系统在某一基准状态 $\alpha^* = \{\alpha_1^*, \alpha_2^*, \cdots, \alpha_n^*\}$ 时,该系统的特性为 $P^*$,然后分别令各个参数在其各自可能的范围内变动,并分析由于这些因素的变动所产生的系统特性 $P$ 的变动,将这种分析系统特性 $P$ 偏离基准状态 $P^*$ 的趋势和程度的过程称为敏感性分析。

敏感性分析的第一步,是建立系统特性 $P$ 与 $n$ 个因素之间的函数关系,对于比较复杂的系统可以用数值方法或图表表示。

建立函数关系后,需要确定出基准参数集。基准参数集是针对具体的问题给出的。针对本书中隧道的围岩压力对其围岩的物理力学参数变化的敏感性分析,可以选择《铁路隧道设计规范》(TB 10003—2005)所确定的 Ⅴ 级围岩中间值作为基准参数集。

在基准参数集确定后,即可对各参数进行敏感性分析,令 $\alpha_k$ 在其可能的范围内进行变动,则系统特性 $P$ 表现为:

$$P = f(\alpha_1^*, \cdots, \alpha_{k-1}^*, \alpha_k, \alpha_{k+1}^*, \cdots \alpha_n^*)$$

将 $\alpha_k$ 的变化数值与相应的系统特性 $P$ 值绘成曲线,通过曲线即可大致了解 $P$ 对参数 $\alpha_k$ 变化的敏感性。

上述分析仅能分析出系统特性 $P$ 对单一因素的敏感性,而在实际中,决定系统特性的因素往往是受多个不同的物理量所影响的,单位也不尽相同。凭借以上分析,无法将各因素之间的敏感程度进行对比。因此,在进行多个不同物理量的敏感性分析时,需要进行无量纲化处理。

首先,定义无量纲形式的敏感度函数 $S_k(\alpha_k)$ 和敏感因子 $S_k^*$。其中敏感度函数 $S_k(\alpha_k)$ 可以看作系统特性 $P$ 对某一参数 $\alpha_k$ 的偏导数,即由系统特性 $P$ 的相对误差 $\delta_P = \dfrac{|\Delta P|}{P}$ 与参数 $\alpha_k$ 的相对变动 $\delta_{\alpha k} = \dfrac{|\Delta \alpha_k|}{\alpha_k}$ 的比值定义,由式(4-1)确定。

$$S_k(\alpha_k) = \frac{\delta_P}{\delta_{\alpha k}} = \frac{|\Delta P|}{P} \Big/ \frac{|\Delta \alpha_k|}{\alpha_k} = \left|\frac{\Delta P}{\Delta \alpha_k}\right|\frac{\alpha_k}{P} \quad (k = 1, 2, \cdots, n) \tag{4-1}$$

在 $\alpha_k$ 处,当 $\Delta \alpha_k$ 趋近于 0 时,$\lim_{\Delta \alpha_k \to 0} \dfrac{\Delta P}{\Delta \alpha_k} = \dfrac{\mathrm{d}\varphi(\alpha_k)}{\mathrm{d}\alpha_k} = \varphi'(\alpha_k)$,可看作函数 $P = \varphi(\alpha_k)$ 的导函数。因此,$S_k(\alpha_k)$ 也可以写成式(4-2)的形式。

$$S_k(\alpha_k) = \left|\frac{\mathrm{d}\varphi(\alpha_k)}{\mathrm{d}\alpha_k}\right|\frac{\alpha_k}{P} \quad (k = 1, 2, \cdots, n) \tag{4-2}$$

那么,我们就可以根据系统特性 $P$ 的单因素函数 $P = \varphi(\alpha_k)$ 来确定敏感度函数 $S_k(\alpha_k)$,进而绘出 $\alpha_k$ 的敏感度函数曲线 $S_k - \alpha_k$。

接下来,将 $\alpha_k = \alpha_k^*$ 代入 $S_k(\alpha_k)$,得到 $S_k^* = S_k(\alpha_k^*)$,式中,$S_k^*$ 为敏感因子。$S_k^*$ 是一个无量纲的实数。通过 $S_k^*$ 的比较,就可以实现对系统特性各因素的敏感性对比分析。

## 4.3 各影响因素的敏感性分析

应用上述介绍的敏感性分析法,本节对围岩压力计算值的各主要因素进行分析。进行敏感性分析的参数为:隧道埋深 $H$、隧道跨度 $B$、弹性模量 $E$、泊松比 $\mu$、内摩擦角 $\varphi$、黏聚力 $c$、重度 $\gamma$。以埋深 50m、隧道跨度 9m、Ⅴ级围岩中间值作为基准参数集,见表 4-1。

基 准 参 数 集    表 4-1

| 隧道埋深 $H^*$ (m) | 隧道跨度 $B^*$ (m) | 弹性模量 $E^*$ (GPa) | 泊松比 $\mu^*$ | 内摩擦角 $\varphi^*$ (°) | 黏聚力 $c^*$ (MPa) | 重度 $\gamma^*$ (kN/m³) |
| --- | --- | --- | --- | --- | --- | --- |
| 50 | 9 | 1.5 | 0.4 | 23.5 | 0.125 | 18.5 |

### 4.3.1 隧道埋深的敏感性分析

隧道模型及围岩参数根据基准参数集建立,逐次调整隧道埋深 $H$,取隧道埋深分别为 35m、40m、50m、60m、70m。观察该影响因素的变化对围岩压力计算的影响。计算结果见表 4-2。并绘出 $p$-$H$ 曲线,如图 4-1 所示。

跨度 9m 不同埋深隧道的围岩压力值计算结果    表 4-2

| 隧道埋深 $H$(m) | 35 | 40 | 50 | 60 | 70 |
| --- | --- | --- | --- | --- | --- |
| 围岩压力值(kPa) | 100.70 | 134.67 | 146.11 | 171.66 | 179.70 |

将得到的数据进行拟合，得到围岩压力值 $p$ 与埋深 $H$ 的函数关系，拟合的特征函数如下：

$$p = 2.0982H + 39.558 \tag{4-3}$$

根据式(4-3)得到敏感度函数：

$$S(H) = \left| \frac{2.0982H}{2.0982H + 39.558} \right| \tag{4-4}$$

相应的敏感度曲线如图 4-2 所示。

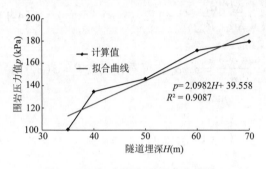

图 4-1  围岩压力值随埋深的变化趋势图

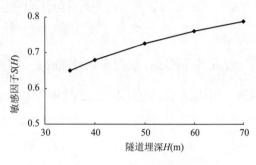

图 4-2  $S(H)$-$H$ 敏感度曲线

由图 4-2 可以看出，敏感因子 $S(H)$ 也是一个增函数，在 $H$ 值较小时，敏感度较低；随着 $H$ 值的增加，敏感度逐渐增加。将基准值 $H^* = 50$m 代入式(4-4)，即得出参数 $H$ 的敏感因子 $S(H^*) = 0.726$。

### 4.3.2  隧道跨度的敏感性分析

隧道模型及围岩参数根据基准参数集建立，改变隧道的跨度，取隧道跨度值分别为 5m、9m、12m、14m。观察该影响因素的变化对围岩压力计算的影响。计算结果见表 4-3。并绘出 $p$-$B$ 曲线，如图 4-3 所示。

埋深 50m 不同隧道跨度的围岩压力值计算结果    表 4-3

| 隧道跨度 $B$(m) | 5 | 9 | 12 | 14 |
|---|---|---|---|---|
| 围岩压力值(kPa) | 104.98 | 146.11 | 186.94 | 194.48 |

将得到的数据进行拟合，得到围岩压力值 $p$ 与隧道跨度 $B$ 的函数关系，拟合的特征函数如下：

$$p = 10.452B + 53.608 \tag{4-5}$$

根据式(4-5)得到敏感度函数：

$$S(B) = \left| \frac{10.452B}{10.452B + 53.608} \right| \tag{4-6}$$

相应的敏感度曲线如图 4-4 所示。

由图 4-4 可以看出，敏感因子 $S(B)$ 是一个增函数，在 $B$ 值较低时，敏感度较低；随着 $B$ 值的增大，敏感度亦增加，但增加趋势变缓。将基准值 $B^* = 9$m 代入式(4-6)，即得出参数 $B$ 的敏感因子 $S(B^*) = 0.637$。

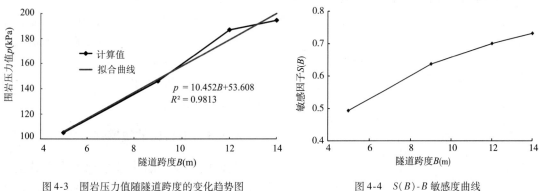

图 4-3 围岩压力值随隧道跨度的变化趋势图

图 4-4 $S(B)$-$B$ 敏感度曲线

### 4.3.3 弹性模量的敏感性分析

隧道模型及围岩参数根据基准参数集建立,仅改变弹性模量值。根据《铁路隧道设计规范》(TB 10003—2005) Ⅴ 级围岩弹性模量的范围,$E$ 值分别选取 1GPa、1.25GPa、1.5GPa、1.75GPa、2GPa。观察该影响因素对围岩压力计算的影响。计算结果见表 4-4。并绘出 $p$-$E$ 曲线,如图 4-5 所示。

相同隧道模型不同弹性模量的围岩压力值计算结果　　　　表 4-4

| 弹性模量 $E$(GPa) | 1 | 1.25 | 1.5 | 1.75 | 2 |
|---|---|---|---|---|---|
| 围岩压力值(kPa) | 147.50 | 147.49 | 146.11 | 146.17 | 145.42 |

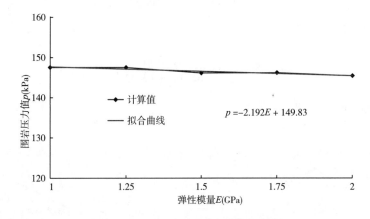

图 4-5 围岩压力值随弹性模量的变化趋势

将得到的数据进行拟合,得到围岩压力值 $p$ 与弹性模量 $E$ 的函数关系,拟合的特征函数如下:

$$p = -2.192E + 149.83 \tag{4-7}$$

根据式(4-7)得到敏感度函数:

$$S(E) = \left| \frac{-2.192E}{-2.192E + 149.83} \right| \tag{4-8}$$

相应的敏感度曲线如图4-6所示。

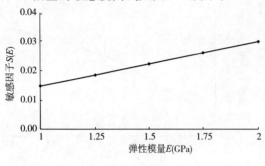

图4-6  $S(E)$-$E$ 敏感度曲线

由图4-6可以看出,敏感因子 $S(E)$ 是一个增函数,函数曲线几乎成线性;随着 $E$ 值的增大,敏感度逐渐增加。将基准值 $E^* = 1.5$GPa 代入式(4-8),即得出参数 $E$ 的敏感因子 $S(E^*) = 0.022$。

### 4.3.4 泊松比的敏感性分析

隧道模型及围岩参数根据基准参数集建立,仅改变泊松比。根据《铁路隧道设计规范》(TB 10003—2005) V级围岩泊松比的范围,$\mu$ 值分别选取 0.35、0.375、0.4、0.425、0.45。观察该影响因素对围岩压力计算的影响。计算结果见表4-5。并绘出 $p$-$\mu$ 曲线,如图4-7所示。

表4-5  相同隧道模型不同弹性模量的围岩压力值计算结果

| 泊松比 $\mu$ | 0.35 | 0.375 | 0.4 | 0.425 | 0.45 |
|---|---|---|---|---|---|
| 围岩压力值(kPa) | 143.08 | 143.32 | 146.35 | 143.77 | 145.20 |

将得到的数据进行拟合,得到的围岩压力值 $p$ 与泊松比 $\mu$ 的函数关系,拟合的特征函数如下:

$$p = 18.76\mu + 136.84 \tag{4-9}$$

根据式(4-9)得到敏感度函数:

$$S(\mu) = \left| \frac{18.76\mu}{18.76\mu + 136.84} \right| \tag{4-10}$$

相应的敏感度曲线如图4-8所示。

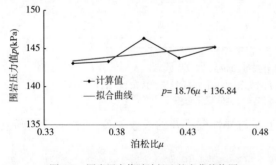

图4-7  围岩压力值随泊松比的变化趋势图

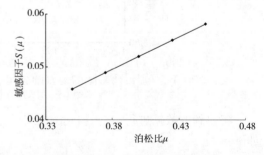

图4-8  $S(\mu)$-$\mu$ 敏感度曲线

由图4-8可以看出,敏感因子 $S(\mu)$ 是一个增函数,函数曲线几乎成线性;随着 $\mu$ 值的增大,敏感度逐渐增加。将基准值 $\mu^* = 0.4$ 代入式(4-10),即得出参数 $\mu$ 的敏感因子 $S(\mu^*) = 0.052$。

### 4.3.5 内摩擦角的敏感性分析

隧道模型及围岩参数根据基准参数集建立,仅改内摩擦角。根据《铁路隧道设计规范》(TB 10003—2005) V 级围岩内摩擦角的范围,$\varphi$ 值分别选取 20°、21.75°、23.5°、25.25°、27°。观察该影响因素对围岩压力计算的影响。计算结果见表 4-6。并绘出 $p\text{-}\varphi$ 曲线,如图 4-9 所示。

相同隧道模型不同弹性模量的围岩压力值计算结果　　表 4-6

| 内摩擦角 $\varphi$(°) | 20 | 21.75 | 23.5 | 25.25 | 27 |
|---|---|---|---|---|---|
| 围岩压力值(kPa) | 171.94 | 167.86 | 146.11 | 112.5 | 73.78 |

将得到的数据进行拟合,得到的围岩压力值 $p$ 与内摩擦角 $\varphi$ 的函数关系,拟合的特征函数如下:

$$p = -14.382\varphi + 472.41 \tag{4-11}$$

根据式(4-11)得到敏感度函数:

$$S(\varphi) = \left| \frac{-14.382\varphi}{-14.382\varphi + 472.41} \right| \tag{4-12}$$

相应的敏感度曲线如图 4-10 所示。

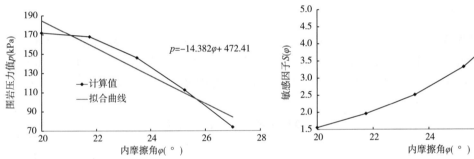

图 4-9　围岩压力值随内摩擦角的变化趋势　　　　图 4-10　$S(\varphi)\text{-}\varphi$ 敏感度曲线

由图 4-10 可知,敏感因子 $S(\varphi)$ 是一个减函数,在 $\varphi$ 值较低时,敏感度较高;随着 $\varphi$ 值的增大,敏感度逐渐降低。将基准值 $\varphi^* = 23.5°$ 代入式(4-12),即得出参数 $\varphi$ 的敏感因子 $S(\varphi^*) = 2.514$。

### 4.3.6 黏聚力的敏感性分析

隧道模型及围岩参数根据基准参数集建立,仅改变黏聚力。根据《铁路隧道设计规范》(TB 10003—2005) 可知 V 级围岩黏聚力的范围,$c$ 值分别选取 50kPa、87.5kPa、125kPa、162.5kPa、200kPa。观察该影响因素对围岩压力计算的影响。计算结果见表 4-7。根据第 2 章关于压力拱内外边界的判断,当黏聚力 $c$ 值为 50kPa 时,该隧道模型并不能形成有效的压力拱,因此不能得出该隧道模型的围岩压力值,故舍去该点的数值。绘出的 $p\text{-}c$ 曲线,如图 4-11 所示。

相同隧道模型不同黏聚力的围岩压力值计算结果　　表 4-7

| 黏聚力 $c$(kPa) | 50 | 87.5 | 125 | 162.5 | 200 |
|---|---|---|---|---|---|
| 围岩压力值(kPa) | — | 151.16 | 145.89 | 143.37 | 142.45 |

将得到的数据进行拟合,得到的围岩压力值 $p$ 与黏聚力 $c$ 的函数关系,拟合的特征函数如下:

$$p = -0.0764c + 156.7 \tag{4-13}$$

根据式(4-13)得到敏感度函数：

$$S(c) = \left| \frac{-0.0764c}{-0.0764c + 156.7} \right| \tag{4-14}$$

相应的敏感度曲线如图4-12所示。

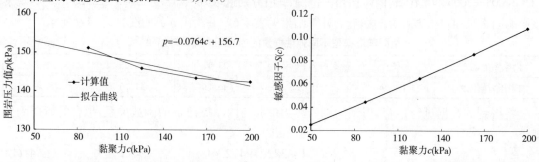

图4-11 围岩压力值随黏聚力的变化趋势图　　　　图4-12 $S(c)-c$敏感度曲线

由图4-12可以看出，敏感因子$S(c)$是一个增函数，函数关系几乎成线性；随着$c$值的增大，敏感度逐渐增加。将基准值$c^* = 125$kPa代入式(4-14)，即得出参数$c$的敏感因子$S(c^*) = 0.065$。

### 4.3.7 重度的敏感性分析

隧道模型及围岩参数根据基准参数集建立，仅改变重度。根据《铁路隧道设计规范》（TB 10003—2005）Ⅴ级围岩重度的范围，$\gamma$值分别选取17kN/m³、17.75kN/m³、18.5kN/m³、19.25kN/m³、20kN/m³。观察该影响因素对围岩压力计算的影响。计算结果见表4-8。并绘出$p$-$\gamma$曲线，如图4-13所示。

相同隧道模型不同重度的围岩压力值计算结果　　表4-8

| 重度$\gamma$(kN/m³) | 17 | 17.75 | 18.5 | 19.25 | 20 |
|---|---|---|---|---|---|
| 围岩压力值(kPa) | 111.77 | 125.34 | 146.11 | 143.4 | 139.76 |

将得到的数据进行拟合，得到的围岩压力值$p$与重度$\gamma$的函数关系，拟合的特征函数如下：

$$p = 9.872\gamma - 49.356 \tag{4-15}$$

根据式(4-15)得到敏感度函数：

$$S(\gamma) = \left| \frac{9.872\gamma}{9.872\gamma - 49.356} \right| \tag{4-16}$$

相应的敏感度曲线如图4-14所示。

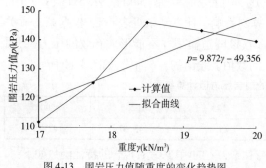 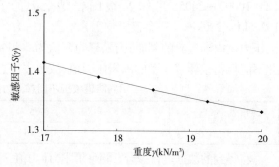

图4-13 围岩压力值随重度的变化趋势图　　　　图4-14 $S(\gamma)-\gamma$敏感度曲线

由图 4-14 可知,敏感因子 $S(\gamma)$ 是一个增函数,函数关系几乎成线性;随着 $\gamma$ 值的增大,敏感度逐渐增加。将基准值 $\gamma^* = 18.5 \text{ kN/m}^3$ 代入式(4-16),即得出参数 $\gamma$ 的敏感因子 $S(\gamma^*) = 1.370$。

将各个参数的基准值的敏感因子列于表 4-9 中。

各参数基准值的敏感因子　　　　　表 4-9

| $S(H^*)$ | $S(B^*)$ | $S(E^*)$ | $S(\mu^*)$ | $S(\varphi^*)$ | $S(c^*)$ | $S(\gamma^*)$ |
|---|---|---|---|---|---|---|
| 0.726 | 0.637 | 0.022 | 0.052 | 2.514 | 0.065 | 1.370 |

由表 4-9 可知,对于计算围岩压力,最敏感的因素是围岩的内摩擦角 $\varphi$,其敏感度为 2.514,其后依次为岩体重度 $\gamma$、隧道埋深 $H$ 和隧道跨度 $B$。而弹性模量 $E$、泊松比 $\mu$ 以及黏聚力 $c$ 是非常不敏感的因素,因此,在计算围岩压力时,应着重考虑埋深、跨度、内摩擦角和重度等物理量的变化。

## 4.4　台阶法施工的影响分析

本节主要是在确定隧道埋深、跨径和围岩参数的情况下,台阶法与全断面施工的比较。通过比较台阶法施工与全断面施工对压力拱内外边界的影响,进而定性地判断台阶法施工对围岩压力的影响。选择跨度为 9m,埋深为 50m,围岩参数都选取 V 级围岩参数中间值。台阶法开挖的顺序为:先开挖上台阶,后开挖下台阶。隧道模型断面如图 4-15 所示。

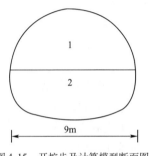

图 4-15　开挖步及计算模型断面图

根据前文判断内外边界的标准,分别将压力拱的内外边界在全断面法与台阶法开挖下的不同列于表 4-10 中。

全断面开挖与台阶法开挖压力拱的内外边界　　　　　表 4-10

| 施工方法<br>参考位置 | 全断面开挖(m) | 台阶法开挖(m) | 变化量(%) |
|---|---|---|---|
| 内边界 | 1.89 | 1.79 | 5.29 |
| 外边界 | 40.96 | 40.91 | 0.12 |

表 4-10 表明,全断面开挖所引起的压力拱内外边界的范围均大于由台阶法施工所引起的范围,但这两种施工方法所引起的压力拱的内、外边界差值却很小,可以近似地认为,台阶法施工与一次开挖成型的全断面法施工所产生的压力拱范围相同。即台阶法施工不会对压力拱的形成产生影响,进而也不会对围岩压力计算产生影响。

## 4.5　隧道多影响因素的共同分析

在上一节中,通过对围岩压力计算的各个影响因素进行参数敏感性分析,得到了各影响因素与计算值之间的关系,并且比较了各参数的敏感因子,得到埋深 $H$、跨度 $B$、内摩擦角 $\varphi$ 和重度 $\gamma$ 对计算结果比较显著的结论。但上述讨论只是对单一影响因素的分析,各个影响因素之间的关系并不明确。事实上,影响隧道围岩压力是多因素共同作用下的结果,故围岩压力计算的数学模型必须考虑上述因素的共同作用。

### 4.5.1 正交试验

鉴于影响围岩压力计算的因素较多,根据上一节的敏感性分析,将较为不敏感的因素剔除,即不考虑弹性模量 $E$、泊松比 $\mu$ 和黏聚力 $c$ 值变化对计算的影响。考虑的因素有隧道埋深 $H$、隧道跨度 $B$、内摩擦角 $\varphi$ 和土体重度 $\gamma$。将隧道埋深 $H$、隧道跨度 $B$、内摩擦角 $\varphi$ 和围岩重度 $\gamma$ 引入正交试验。

(1)正交试验的介绍

在研究比较复杂的问题中,往往都包含着多种因素。如果一个试验结果受 4 个因素的影响,每个因素有 5 个变量,那么要想完全分析出每个变量对结果的影响就要做 $4^5=1024$ 次试验,如果逐一地进行,这无疑是一个很大的工作量。因此,我们希望只做其中的一部分具有代表性的试验,通过分析就可以圆满地解决问题。正交试验是以实践经验为基础,利用一套规格化的表(正交表)来安排试验方案的一种数理统计方法,使得在不影响分析结果的前提下试验次数尽可能地少。这种方法的优点是试验次数少,效果好,方法简单,使用方便,效率高。因此,正交试验法在很多科学领域中广泛应用,并且收到了显著效果。每个正交表都有一个代号 $L_n(q^m)$,式中,$L$ 为正交表;$n$ 为试验总数;$q$ 为因素的水平数;$m$ 为表的列数,表示最多能容纳因素个数。

(2)正交试验结果

已知本试验涉及的因素有隧道埋深 $H$、隧道跨度 $B$、内摩擦角 $\varphi$ 和土体重度 $\gamma$,一共 4 个,每个因素有 5 个水平,通过查找正交表格发现并没有与之相适应的试验安排,只有 $L_{25}(5^6)$ 才能放下 4 个因素,虽然空闲 2 列,但较之其他各表,试验次数最少。根据正交试验表格的安排,将各个因素的变化数值以及与之相对应的围岩压力计算结果列于表 4-11 中,对于所涉及的不敏感的因素仍然取 V 级围岩中间值。

不同参数下围岩压力的计算结果　　　　表 4-11

| 组数 | 隧道埋深 $H$ (m) | 重度 $\gamma$ (kN/m³) | 内摩擦角 $\varphi$ (°) | 隧道跨度 $B$ (m) | 围岩压力计值 (kPa) |
|---|---|---|---|---|---|
| 1 | 30 | 17 | 20 | 5 | 78.32 |
| 2 | 40 | 17.75 | 20 | 9 | 155.70 |
| 3 | 50 | 18.5 | 20 | 12 | 180.10 |
| 4 | 60 | 19.25 | 20 | 14 | 230.08 |
| 5 | 70 | 20 | 20 | 9 | 170.48 |
| 6 | 50 | 17 | 21.75 | 9 | 140.05 |
| 7 | 60 | 17.75 | 21.75 | 12 | 199.49 |
| 8 | 70 | 18.5 | 21.75 | 14 | 239.70 |
| 9 | 30 | 19.25 | 21.75 | 9 | 109.34 |
| 10 | 40 | 20 | 21.75 | 5 | 98.39 |
| 11 | 70 | 17 | 23.5 | 12 | 193.29 |
| 12 | 30 | 17.75 | 23.5 | 14 | 151.69 |

续上表

| 组数 | 隧道埋深 $H$ (m) | 重度 $\gamma$ (kN/m³) | 内摩擦角 $\varphi$ (°) | 隧道跨度 $B$ (m) | 围岩压力计值 (kPa) |
|---|---|---|---|---|---|
| 13 | 40 | 18.5 | 23.5 | 9 | 134.67 |
| 14 | 50 | 19.25 | 23.5 | 5 | 100.95 |
| 15 | 60 | 20 | 23.5 | 12 | 197.32 |
| 16 | 40 | 17 | 25.25 | 14 | 188.88 |
| 17 | 50 | 17.75 | 25.25 | 9 | 141.33 |
| 18 | 60 | 18.5 | 25.25 | 5 | 107.49 |
| 19 | 70 | 19.25 | 25.25 | 9 | 182.62 |
| 20 | 30 | 20 | 25.25 | 12 | 147.56 |
| 21 | 60 | 17 | 27 | 9 | 107.83 |
| 22 | 70 | 17.75 | 27 | 5 | 97.17 |
| 23 | 30 | 18.5 | 27 | 9 | 119.04 |
| 24 | 40 | 19.25 | 27 | 12 | 168.14 |
| 25 | 50 | 20 | 27 | 14 | 214.28 |

### 4.5.2 多元线性回归

回归分析是常用的数据分析方法之一,它是根据已取得的试验结果建立起来的统计模型,用来研究变量间的相关关系,建立起变量之间的近似表达式,并由此对相应的变量进行预测和控制等。多元线性回归分析可以研究多个自变量之间的线性相关关系。根据大量数值模拟计算结果,采用多元线性回归的方法对围岩压力值进行研究,进而可以得到受各个影响因素下的围岩压力计算公式。

(1) 多元线性回归模型的基本概念

设 $Y$ 是一个可以观察的随机变量,它受到 $m(m>0)$ 个非随机变量因素 $X_1, X_2, \cdots, X_m$ 和随机误差 $\varepsilon$ 的影响。若 $Y$ 和 $X_1, X_2, \cdots, X_m$ 有如下线性关系:

$$Y = \beta_0 + \beta_1 X_1 + \beta_2 X_2 + \cdots + \beta_m X_m + \varepsilon \tag{4-17}$$

式中: $Y$——被解释变量;

$\beta_0, \beta_1, \beta_2, \cdots, \beta_m$——固定的未知参数,称为回归系数;

$\varepsilon$——均值为0、方差为 $\sigma^2(\sigma>0)$ 的随机变量;

$X_1, X_2, \cdots, X_m$——解释变量。

式(4-17)称为多元线性回归模型。

根据定义,在模型(4-17)中,自变量 $X_1, X_2, \cdots, X_m$ 是非随机的且可精确观测的,随机误差 $\varepsilon$ 代表其他随机因素对应变量 $Y$ 产生的影响。

对于总体 $(X_1, X_2, \cdots, X_m; Y)$ 的 $n$ 组观测值 $(x_{i1}, x_{i2}, \cdots, x_{im}; y_i)(i=1,2,\cdots,n; n>m)$,应满足式(4-17),即

$$\begin{cases} y_1 = \beta_0 + \beta_1 x_{11} + \beta_2 x_{12} + \cdots + \beta_m x_{1m} + \varepsilon_1 \\ y_2 = \beta_0 + \beta_1 x_{21} + \beta_2 x_{22} + \cdots + \beta_m x_{2m} + \varepsilon_2 \\ \cdots \\ y_n = \beta_0 + \beta_1 x_{n1} + \beta_2 x_{n2} + \cdots + \beta_m x_{nm} + \varepsilon_n \end{cases} \quad (4\text{-}18)$$

其中 $\varepsilon_1, \varepsilon_2, \cdots, \varepsilon_n$ 相互独立,且设 $\varepsilon_i \sim N(0, \sigma^2)(i = 1, 2, \cdots, n)$,记

$$Y = \begin{pmatrix} y_1 \\ y_2 \\ \vdots \\ y_n \end{pmatrix}, \quad X = \begin{pmatrix} 1 & x_{11} & x_{12} & \cdots & x_{1m} \\ 1 & x_{21} & x_{22} & \cdots & x_{2m} \\ \vdots & \vdots & \vdots & & \vdots \\ 1 & x_{n1} & x_{n2} & \cdots & x_{nm} \end{pmatrix}, \quad \beta = \begin{pmatrix} \beta_0 \\ \beta_1 \\ \vdots \\ \beta_n \end{pmatrix}, \quad \varepsilon = \begin{pmatrix} \varepsilon_1 \\ \varepsilon_2 \\ \vdots \\ \varepsilon_n \end{pmatrix}$$

则模型(4-17)可用矩阵形式表示为

$$Y = X\beta + \varepsilon \quad (4\text{-}19)$$

式中:$Y$——观测向量;

$X$——设计矩阵;

$\beta$——待估计向量;

$\varepsilon$——不可观测的 $n$ 维随机向量。

$\varepsilon$ 的分量相互独立,假定 $\varepsilon \sim N(0, \sigma^2 I_n)$。

(2)建立多元回归模型

选取正交试验所涉及的 4 个影响因素隧道埋深 $H$、隧道跨度 $B$、内摩擦角 $\varphi$ 和土体重度 $\gamma$,建立的多元线性多元回归方程:

$$p = \beta_0 + \beta_1 H + \beta_2 B + \beta_3 \varphi + \beta_4 \gamma \quad (4\text{-}20)$$

式中: $H$——隧道的埋深;

$B$——隧道的跨度;

$\varphi$——围岩的内摩擦角;

$\gamma$——围岩的重度;

$\beta_i, \beta_2, \beta_3, \beta_4$——偏回归系数;

$\beta_0$——线性回归时设定的常数项。

根据正交试验得到的数据进行数理统计,利用 MATLAB 软件的多元线性回归功能对数据进行分析,最终得到线性回归方程:

$$p = -81.1918 + 1.3272H + 11.8951B - 3.2847\varphi + 6.9847\gamma \quad (4\text{-}21)$$

(3)多元线性回归方程的显著性检验

在多元线性回归问题中,除了要得到自变量与因变量之间的线性关系,而且还需要对回归模型的效果进行检验,确定是否符合变量之间的客观规律,进而确定预测结果的可信程度。

①$R$ 检验。$R$ 检验是通过复相关系数检验一组自变量与因变量之间的线性相关程度的方法,它是通过下列方法进行计算的:

设 $k$ 为参数变量个数,$n$ 为样本总数,记总离差平方和为 $S_r = \sum_{i=1}^{n}(Y_i - \overline{Y})^2$,回归离差平方和为 $S_R = \sum_{i=1}^{n}(\hat{Y}_i - \overline{Y})^2$,剩余离差平方和或残差平方和为 $S_E = \sum_{i=1}^{n}(Y_i - \hat{Y})^2$,且 $S_r = S_R + S_E$,复相

关系数 $R = \sqrt{S_R/S_r}$,当 $R$ 接近 1 时,表示线性相关显著;当 $R$ 接近 0 时,可以认为没有线性相关性,预测结果不能使用。

根据以上所述,利用 MATLAB 计算出 $R$ 值为 0.9245,接近于 1,说明相关系数显著。

②$F$ 检验。$F$ 检验是用于确定自变量与因变量之间是否存在显著的线性相关关系的指标。$F = \dfrac{S_R/k}{S_E/(n-k-1)}$ 服从自由度为 $(k, n-k-1)$ 的 $F$ 分布,给定显著水平 $\alpha$,查表得到 $F_n(k, n-k-1)$,若 $F \geqslant F_n(k, n-k-1)$,表明线性假定有效,回归方程所含的自变量足以解释因变量的变换存在,则在 $\alpha$ 水平下自变量之间线性相关显著,否则,认为线性回归不显著。

利用 MATLAB 计算出 $F$ 值为 55.1323,给定一个显著水平 $\alpha = 0.05$,查 $F$ 分布表,得到 $F_\alpha = 2.93$。$F > F_\alpha$,说明线性假定有效。

③$t$ 检验。$R$ 检验与 $F$ 检验都是将所有的自变量作为一个整体来检验因变量的相关程度及回归效果,而 $t$ 检验则是将所有 $t$ 统计量对所有回归模型的每一个系数,逐一进行检验,对于给定的检验水平,查 $t$ 分布表得到临界值 $T_a$ 值,若 $|T|_i \geqslant T_a$,则说明回归系数 $\beta_i$ 有显著意义,各自变量应保留回归方程,否则,应去掉 $X_i$,重新建立回归方程。

利用 MATLAB 计算出每一个自变量前的系数的 $T$ 值,即 $T(1) = 6.515, T(2) = 13.224, T(3) = -2.697, T(4) = 2.571$,给定一个显著性水平 $\alpha = 0.05$,查 $t$ 分布表,得到一个临界值 $T_a = 2.1448$。可知 $|T_i| > T_a$,则回归系数 $\beta_i (i = 1,2,3,4)$ 有显著意义,各自变量应保留回归方程。

## 4.6 小结

①利用敏感性因素分析方法对各个围岩物理力学参数进行分析,以围岩压力值的大小作为指标,根据对各参数敏感度因子的比较得出了对于计算围岩压力,最敏感的因素是隧道的内摩擦角 $\varphi$,其后依次为隧道埋深 $H$、岩体重度 $\gamma$ 和隧道跨度 $B$。而弹性模量 $E$、泊松比 $\mu$ 以及黏聚力 $c$ 是最不敏感的因素,并由此确定出围岩压力公式的主要参数以及各参数的权重。

②隧道的围岩压力是由多个因素共同作用下的结果,利用正交试验,选择具有代表性的各因素进行组合,根据正交试验表进行了 25 组模型计算,将各个参数与计算结果进行了整理,利用 MATLAB 软件的多元线性回归功能对正交试验得到的数据进行数理统计分析,最终得到便于实际工程应用的围岩压力计算公式。

# 第5章 考虑施工过程的大跨隧道围岩压力计算方法初探

## 5.1 引言

传统计算围岩压力的公式均认为隧道轮廓是一次开挖形成的,仅考虑了隧道的最终状态。但目前大多数隧道受到自身断面形状和所处地段地质条件的限制,一次全断面开挖的工况很少发生,如果将大跨隧道的几何尺寸与围岩物理力学参数简单地代入到《铁路隧道设计规范》(TB 10003—2005)公式中,可能会得到比实际值更大的围岩压力值,如果不能采用合理的计算方法来确定围岩压力,将产生工程经济上的浪费。另外,由于对围岩压力和开挖后围岩的变形破坏规律认识不足,仅仅依靠《铁路隧道设计规范》(TB 10003—2005)计算围岩压力也带有一定的盲目性和不确定性,给施工安全造成了一定的隐患。本章在考虑压力拱计算围岩压力的基础上,主要讨论了先行导洞的洞高和跨度,以及导洞之间的距离对后行导洞围岩的扰动,进而对后行导洞围岩压力的影响。以添加影响系数的方式,在基于压力拱理论计算单洞隧道围岩压力的基础上得到考虑施工过程的大跨隧道围岩压力计算公式。

## 5.2 基于施工过程的计算思路

有别于传统围岩压力计算公式所认为的隧道轮廓是一次开挖形成的,计算时只考虑隧道的最终状态。过程计算方法主要考虑了施工过程对围岩压力的影响。然而两者亦有联系,在基于施工过程的思路中,每一步的计算实际上又是在单个小跨度的洞室的最终状态下完成的。

在实际施工时,往往是将隧道断面分割成几个小型的隧道或导洞,然后再按步骤分步开挖。同样过程计算方法也应该是这样考虑的,依据第3章单洞围岩压力的计算方法,先算出每个小型的隧道或导洞的压力拱范围,并考虑每个压力拱相互间的影响,确定出每个洞室所承受的荷载,最后,算出叠加后的大跨隧道最终围岩压力值。

依据上述理论的阐述,现将大跨隧道围岩压力计算思路陈述如下:

(1)依据施工方法将隧道断面分割为几个小断面隧道;

(2)考虑导洞之间先后开挖顺序对压力拱的影响,引入施工过程的影响系数,并根据前文所述的方法逐个算出小型隧道的压力拱范围,再确定围岩压力;

(3)基于一定的规则将每一个洞室开挖所引起的围岩压力进行组合,并最终求得整个隧道结构上的围岩压力。

## 5.3 基本假设

①不考虑中隔墙对围岩压力的影响。根据朱正国的研究显示,对于连拱隧道,围岩塑性区受中隔墙的影响较小,主要与最终开挖跨度有关。

②不考虑台阶法施工对围岩压力计算的影响。根据前面 2.4 节的论证,认为用台阶法开挖洞室,得到的压力拱范围与全断面开挖方法得到的压力拱范围基本一致。因此模型以及推导公式均不涉及台阶法施工。

③认为隧道处在单一的均质土质地层中,不考虑水的影响且没有偏压的影响。

## 5.4 影响系数的确定

考虑到实际开挖过程中隧道的断面是分步骤开挖的。先开挖的洞室势必会对围岩产生扰动,进而影响到后挖洞室的围岩压力,同样,后开挖的洞室也会对已建好的洞室的围岩压力造成影响,因此有必要在大跨隧道围岩压力计算公式中考虑到这一点,故为考虑先后施工洞室相互影响,引入影响系数 $\alpha$。而 $\alpha$ 又与先后施工洞室几何尺寸及位置关系等多个影响因素有关,本节考虑的主要因素有:已开挖导洞的高度 $h$、已开挖导洞的宽度 $b$ 和已开挖导洞与未开挖导洞的距离 $d$。根据这些影响因素,影响系数 $\alpha$ 的分项指标表达式可以表示为:

$$\alpha_{ij} = \eta_1 \cdot \eta_2 \cdot \eta_3 \tag{5-1}$$

式中:$\eta_1$——先行导洞 $j$ 的高度 $h$ 对后行导洞 $i$ 围岩压力的影响指标;

$\eta_2$——先行导洞 $j$ 的宽度 $b$ 对后行导洞 $i$ 围岩压力的影响指标;

$\eta_3$——先行导洞 $j$ 与后行导洞 $i$ 间的距离 $d$ 对后行导洞 $i$ 围岩压力的影响指标。

若算出的 $\eta$ 小于 1,则令该 $\eta$ 等于 1。

分析在各个影响因素下,将考虑施工影响的隧道围岩压力计算结果与相同条件下单洞隧道的围岩压力计算结果进行比较,以围岩压力的比值作为连拱隧道的影响指标 $\eta$。

若根据第 3 章算得的围岩压力为 $p$,则考虑施工过程的单个洞室的围岩压力值为:

$$p_i = \alpha_{ij} \cdot p \tag{5-2}$$

实际上,导洞开挖的影响是相互的,但为了简化计算,本节只考虑先行导洞对后行导洞围岩压力的影响。

### 5.4.1 先行导洞的高度 $h$ 对影响指标 $\eta_1$ 的影响

为研究已开挖导洞的高度 $h$ 与影响指标 $\eta_1$ 的关系,以未开挖导洞为基准,分别建立不同高度的相邻已开挖洞室,选择开挖后洞室的洞高分别为未开挖导洞洞高的 0.25 倍、0.5 倍、0.75 倍、1 倍。选择未开挖导洞与已开挖导洞的跨度为 9m 的直墙隧道断面。2 个导洞的间距为 0,以埋深为 50m 的 V 级围岩中间值作为计算模型,如图 5-1 所示。

按照第 3 章计算围岩压力的方法,算出上述计算模型中的未开挖导洞的围岩压力值。与相同情况下单洞隧道围岩压力值进行比较,得到的计算结果见表 5-1。

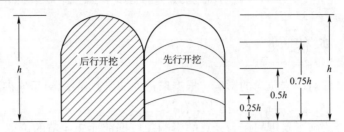

图 5-1 相邻导洞在不同高度情况下施工过程影响示意图

不同先行洞高的影响下后行导洞的围岩压力值与单洞隧道围岩压力值的比较　　表 5-1

| 先行导洞洞高 | 1 倍后行导洞高度 | 0.75 倍后行导洞高度 | 0.5 倍后行导洞高度 | 0.25 倍后行导洞高度 |
|---|---|---|---|---|
| 考虑导洞影响的围岩压力值(kPa) | 247.12 | 239.87 | 233.94 | 217.50 |
| 单洞隧道围岩压力值(kPa) | 162.87 | 162.87 | 162.87 | 162.87 |
| 影响指标 $\eta_1$ | 1.52 | 1.47 | 1.44 | 1.34 |

由表 5-1 中所显示的数据可知,当由先行导洞开挖时,无论其开挖高度是多少,后行导洞的围岩压力都会受其影响,围岩压力值均大于单洞开挖时的数值,通过比值可得到影响指标 $\eta_1$。当开挖高度在 1 倍 $h$ 以下时,$\eta_1$ 为 1.34~1.52,始终是大于 1 的。根据上述数据分析可知,当相邻导洞开挖后,后行导洞上覆土体虽未开挖,但由于先行导洞的开挖已经使其上部土体产生扰动,当再开挖这一导洞时,松动土体会产生进一步的扩大,导致本书计算围岩压力方法中第一部分增大,即松动区范围的土体增大,从而导致围岩压力值的增大。根据表 5-1 所列出的数据,可以拟合出 $\eta_1$ 关于 $h$ 的公式:

$$\eta_1 = 0.0198h + 1.3 \tag{5-3}$$

式中:$\eta_1$——先行导洞的高度 $h$ 对后行导洞产生的影响指标;

$h$——先行导洞的开挖高度。

### 5.4.2 先行导洞的宽度 $b$ 对影响指标 $\eta_2$ 的影响

为研究已开挖导洞的宽度 $b$ 与影响指标 $\eta_2$ 的关系,以未开挖导洞为基准,分别建立不同宽度的相邻已开挖洞室,选择开挖后洞室的宽度分别为未开挖导洞宽度的 0.25 倍、0.5 倍、0.75 倍、1 倍。未开挖导洞的断面形式为跨度 9m 的直墙隧道断面。2 个导洞的间距为 0,以埋深为 50m 的 V 级围岩中间值作为计算模型,如图 5-2 所示。

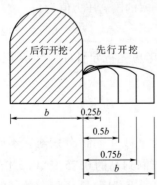

图 5-2 相邻导洞在不同宽度情况下施工过程影响示意图

按照第 3 章计算围岩压力的方法,算出上述计算模型中的未开挖导洞的围岩压力值。与相同情况下单洞隧道围岩压力值进行比较,得到的计算结果见表 5-2。

分析表 5-2 可知,当先行导洞开挖宽度为后行导洞宽度 1 倍以下时,围岩压力值随着宽度的增加而不断增加,影响系数标为 1.10~1.44。根据表 5-2 所列出的数据,可以拟合 $\eta_2$ 出于 $b$ 的公式:

$$\eta_2 = 0.0529b + 0.985 \tag{5-4}$$

式中 $\eta_2$——先行导洞的宽度 $b$ 对后行导洞围岩压力所产生的影响指标；

$b$——先行导洞的开挖宽度。

不同先行宽度的影响下后行导洞的围岩压力值与单洞隧道围岩压力值的比较　　表5-2

| 先行导洞宽度 | 1倍后行导洞宽度 | 0.75倍后行导洞宽度 | 0.5倍后行导洞宽度 | 0.25倍后行导洞宽度 |
| --- | --- | --- | --- | --- |
| 考虑导洞影响的围岩压力值(kPa) | 233.94 | 224.58 | 197.46 | 178.40 |
| 单洞隧道围岩压力值(kPa) | 162.87 | 162.87 | 162.87 | 162.87 |
| 影响指标 $\eta_2$ | 1.44 | 1.38 | 1.21 | 1.10 |

### 5.4.3　先行导洞与后行导洞间的距离 $d$ 对影响指标 $\eta_3$ 的影响

为研究先行导洞与后行导洞间的距离 $d$ 与影响指标 $\eta_3$ 的关系，以未开挖导洞为基准，分别建立不同间距的已开挖洞室，选择的间距 $d$ 分别为未开挖导洞宽度 $b$ 的1倍、1.25倍、1.5倍、2倍。选择未开挖的导洞的跨度为9m的直墙隧道断面，以埋深为50m的V级围岩作为计算模型，如图5-3所示。

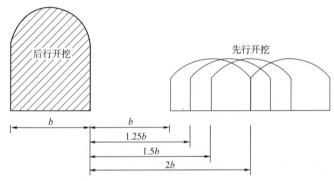

图5-3　相邻导洞在不同间隔距离情况下施工过程影响示意图

按照第3章计算围岩压力的方法，算出上述计算模型中的未开挖导洞的围岩压力值。与相同情况下单洞隧道围岩压力值进行比较，得到的计算结果见表5-3。

在不同间距的影响下后行导洞的围岩压力值与单洞隧道围岩压力值的比较　　表5-3

| 导洞间距 | 2倍后行导洞宽度 | 1.5倍后行导洞宽度 | 1.25倍后行导洞宽度 | 1倍后行导洞宽度 |
| --- | --- | --- | --- | --- |
| 考虑导洞影响的围岩压力值(kPa) | 173.59 | 192.59 | 221.37 | — |
| 单洞隧道围岩压力值(kPa) | 162.87 | 162.87 | 162.87 | 162.87 |
| 影响指标 $\eta_3$ | 1.07 | 1.18 | 1.36 | — |

分析表5-3发现，随着间距的逐渐增大，由间隔距离产生的影响因素逐渐减小，当间距过大时，例如间距为2倍后行导洞宽度与间距为1.5倍后行导洞宽度两者的影响指标 $\eta_3$ 几乎一致，这说明当间隔距离达到一定程度上时，由间距产生的影响会变弱。但同时发现，如果开挖间距过小，在没有施作支护的情况下，导洞之间的土体将不能保持稳定。如果两个导洞之间没有间隔距离，是密贴开挖的，则认为 $\eta_3=1$。根据表5-2所列出的数据，可以拟合出 $\eta_3$ 关于 $d$ 的公式：

$$\eta_3 = 0.0403d + 1.7779 \tag{5-5}$$

式中：$\eta_3$——先行导洞与后行导洞间的距离 $d$ 对后行导洞围岩压力所产生的影响指标；

　　　$d$——先行导洞与后行导洞间的距离。

## 5.5 大跨隧道围岩压力计算公式的推导

推导公式(5-2)表明的仍然只是每一个小导洞的围岩压力值，而不是整个大跨隧道的围岩压力值，其分布是不均匀的，不利于工程应用。为了得到整个大跨隧道的荷载值，需要将各部分的荷载值进行统一，进而得到均布荷载，故引入权系数 $\lambda$。每个导洞所产生的围岩压力占整个隧道的总体围岩压力值的比例即为该导洞的权系数，权系数小于1，权系数 $\lambda$ 具体公式如下：

$$\begin{cases} \lambda_i = \dfrac{S_i}{S_{总}} \\ S_i = \alpha_{ij} \cdot p_i \cdot b_i \\ S_{总} = \sum S_i \end{cases} \tag{5-6}$$

式中：$\lambda_i$——第 $i$ 个导洞的权系数；

　　　$S_i$——单个导洞的洞顶总荷载；

　　　$S_{总}$——所有导洞洞顶总荷载；

　　　$b_i$——第 $i$ 个导洞的宽度；

其余同前。

在确定了每一个导洞的权系数之后，整个大跨隧道围岩压力即可算出，具体过程为：第一步，按照第3章介绍的方法计算出每个导洞的围岩压力 $p_i$；第二步，根据5.5节公式计算出每个导洞受到的影响系数 $\alpha_{ij}$，得到考虑施工过程的围岩压力 $\alpha_{ij} \cdot p_i$；第三步，将各个导洞不同的压力值归一化，引入权系数，得到整个大跨隧道的围岩压力计算公式：

$$p_0 = \sum \lambda_i \cdot \alpha_{ij} \cdot p_i \tag{5-7}$$

式中：$p_0$——大跨隧道围岩压力计算公式；

　　　$\lambda_i$——单个导洞的权系数；

　　　$\alpha_{ij}$——每个导洞受到的影响系数；

　　　$p_i$——每个导洞的围岩压力。

## 5.6 工程实例验证

选取仓园隧道断面为开挖轮廓，隧道围岩物理力学参数如表5-4所示。

仓园隧道围岩及支护结构力学参数　　　　　　　　表5-4

| 参数<br>材料类型 | 密度<br>（kg/cm³） | 弹性模量<br>（MPa） | 泊松比 | 黏聚力<br>（kPa） | 内摩擦角<br>（°） | 剪胀角<br>（°） |
|---|---|---|---|---|---|---|
| 细角砾土地层 | 1850 | 95 | 0.4 | 800 | 27 | 5 |

埋置深度为 25m，依据设计施工情况，选取 CD 法与三台阶七步法作为研究对象。CD 法施工工序为先开挖一侧的土体①②③④，后开挖剩余部分的土体⑤⑥⑦⑧；三台阶七步法施工工序为先开挖①、⑤，后开挖②、⑥，随后是③、⑦，最后是④、⑧。施工工序如图 5-4 所示。

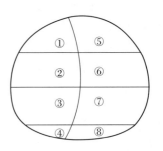

图 5-4　中导洞法施工工序示意图

根据以上描述，每种施工方法下的围岩压力值分别用两种方法进行计算：一种是利用 ANSYS 模拟不同的开挖过程并按照基于压力拱理论的围岩压力计算方法得到围岩压力值；另一种是利用拟合公式计算出围岩压力值。

### 5.6.1　按照 CD 法施工情况下的围岩压力计算

（1）采用考虑施工过程公式的围岩压力计算

第一步：求出两侧导洞的围岩压力值 $p_i$。按照第 4 章式(4-21)得到的压力值 $p_1 = p_2 = 77.62\text{kPa}$。

第二步：求出每个导洞的影响系数 $\alpha_{ij}$。按照 CD 法施工的特点有 $\alpha_{11} = 1.0$；受到中导洞的影响，根据式(5-3)、式(5-4)和式(5-5)，对于 $\alpha_{21}$ 有 $\eta_1 = 1.53$，$\eta_2 = 1.34$。代入式(5-1)则有 $\alpha_{21} = 2.05$。

第三步：算出每个导洞的权系数 $\lambda_i$。根据式(5-6)有 $S_1 = 71.62$，$S_2 = 146.82$，$S_总 = 218.44$，$\lambda_1 = 0.33$，$\lambda_2 = 0.67$。

第四步：根据式(5-7)得到按中洞法开挖连拱隧道的围岩压力 $p_0 = 132.2\text{kPa}$。

（2）采用数值模拟的围岩压力计算

根据前文提供的开挖步骤、隧道的轮廓、埋深和围岩的物理力学参数，在 ANSYS 中建立大跨隧道二维平面模型，如图 5-5 所示。

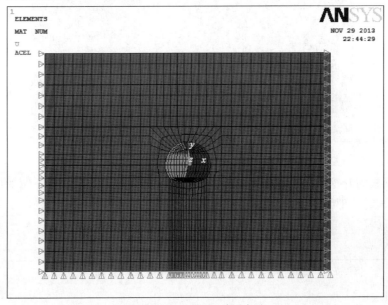

图 5-5　CD 法施工工序示意图

按照 CD 法的开挖步骤模拟开挖。在模拟开挖完成后,根据第 3 章介绍的围岩压力计算方法从 ANSYS 后处理结果中提取压力拱的内外边界、弹性区位移值、整体位移值和应变值,进而拱顶处的围岩压力值,详细数据及计算结果见表 5-5。

**CD 法施工利用数值模拟结果计算围岩压力**　　　　表 5-5

| 位置 | 内边界（m） | 外边界（m） | 弹性区位移值（m） | 整体下沉值（m） | 应变值 | 围岩压力值（kPa） |
|---|---|---|---|---|---|---|
| 隧道拱顶 | 0 | 15.85 | 0.05767 | 0.03639 | 0.0000756 | 127.22 |

### 5.6.2　按照台阶法施工情况下的围岩压力计算

(1) 采用考虑施工过程公式的围岩压力计算

根据前面 2.4.3 节的论证,认为用台阶法开挖洞室,得到的压力拱范围与全断面开挖方法得到的压力拱范围基本一致。因此,推导公式均不涉及台阶法施工。已知隧道断面尺寸以及围岩的物理力学参数,按照第 4 章式(4-21)可以直接得到隧道的压力值 $p = 150.71 \text{kPa}$。

(2) 采用数值模拟的围岩压力计算

根据前文提供的开挖步骤、隧道的轮廓、埋深和围岩的物理力学参数,在 ANSYS 中建立连拱隧道二维平面模型,如图 5-6 所示。

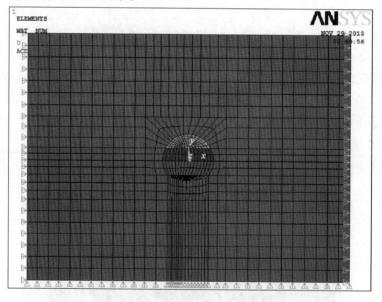

图 5-6　台阶法施工工序示意图

按照台阶法的开挖步骤模拟开挖。在模拟开挖完成后,根据第 3 章介绍的围岩压力计算方法从 ANSYS 后处理结果中提取压力拱的内外边界、弹性区位移值、整体位移值和应变值,进而拱顶处的围岩压力值,详细数据及计算结果见表 5-6。

**台阶法施工利用数值模拟结果计算围岩压力**　　　　表 5-6

| 位置 | 内边界（m） | 外边界（m） | 弹性区位移值（m） | 整体下沉值（m） | 应变值 | 围岩压力值（kPa） |
|---|---|---|---|---|---|---|
| 隧道拱顶 | 0 | 15.91 | 0.05881 | 0.03626 | 0.0000925 | 133.78 |

分析上述计算结果可得出如下结论：

①考虑 CD 法施工过程情况下，利用拟合公式计算的围岩压力值为 132.2kPa，而根据 ANSYS 提取的数据算出的围岩压力值为 127.22kPa；另外，考虑台阶法施工过程情况下，利用拟合公式计算的围岩压力值为 150.71kPa，而根据 ANSYS 提取的数据算出的围岩压力值为 133.78kPa。

②分析在相同的施工工法情况下，利用公式拟合得到的围岩压力值和根据 ANSYS 提取的数据算出的围岩压力值，都是拟合公式计算的围岩压力值比数值模拟的计算值大。在 CD 法施工的情况下，两种计算结果相差 3.9%；在台阶法施工的情况下，两种计算结果相差为 12.65%。认为两种施工方法情况下，利用拟合公式计算的围岩压力值的结果较为合理，且提出的大跨隧道围岩压力计算公式(5-7)计算的围岩压力值偏于安全，应用简单方便。

## 5.7 小结

①考虑先行导洞的高度、导洞宽度和导洞之间的距离对后行导洞围岩压力所产生的影响，以围岩压力的比值作为连拱隧道施工过程的影响系数，最后将影响系数添加到基于压力拱理论的单洞隧道围岩压力计算公式中，提出适用于连拱隧道的围岩压力计算公式。

②将考虑施工过程的连拱隧道围岩压力计算公式与 ANSYS 数值模拟方法分别对中导洞法与双侧壁三导洞法施工进行了计算并比较。通过与 ANSYS 数值模拟计算结果的印证可以看出，提出的考虑施工过程的围岩压力计算公式得到的计算结果与 ANSYS 数值模拟方法得到的结果非常接近。该计算方法使用简便，只需要隧道开挖中的一些基本参数便可以求出隧道的围岩压力，省去了复杂的数值模拟的计算过程，便于工程中的应用。

# 第6章 泥石流堆积体隧道衬砌抗震设计

## 6.1 我国发生的强震情况

100多年来，我国共有60多万人死于地震灾害，基础设施多次受到严重的破坏。我国7%的国土承受了世界33%的陆地强震，是全球最大的大陆浅源强震活动区，其中东南部的台湾和福建沿海、华北太行山沿线和京津唐地区、山东中南部、西南青藏高原及其边缘的四川和云南两省西部，西北的河西走廊、天山沿线、青海及宁夏等都是地震灾害多发地区。20世纪以来，我国发生的强震如表6-1所示。

**1900年以来中国强震表**　　　　　　　　　　　　　　　　表6-1

| 序号 | 年份 | 地点 | 级别/级 | 序号 | 年份 | 地点 | 级别/级 |
|---|---|---|---|---|---|---|---|
| 1 | 1920 | 宁夏海原 | 8.5 | 6 | 1978 | 河北唐山 | 7.8 |
| 2 | 1933 | 四川叠溪 | 7.5 | 7 | 1983 | 上海近海 | 6.0 |
| 3 | 1950 | 西藏察隅 | 8.5 | 8 | 1999 | 台湾集集 | 7.3 |
| 4 | 1970 | 云南通海 | 7.7 | 9 | 2008 | 四川汶川 | 8.0 |
| 5 | 1975 | 辽宁海城 | 7.3 | 10 | 2010 | 青海玉树 | 7.1 |

表6-1中，四川汶川特大地震是近60年来我国发生的破坏性最强、波及范围最广、救灾难度最大的一次地震灾害，其极重灾区有10个：汶川、北川、绵竹、什邡、青川、茂县、安县、都江堰、平武、彭州，四川省、甘肃省、陕西省交通基础设施遭受的损坏十分严重，通往汶川、北川、茂县、青川等地的交通完全中断。地震共造成21条高速公路、16条国省道干线公路、2.4万km农村公路的路基、路面、桥梁、隧道等构(建)筑物不同程度受损。

## 6.2 地震对隧道结构的影响

### 6.2.1 隧道结构地震破坏的主要形式

由于地震的作用导致边坡的破坏而造成隧道结构破坏多发生于傍山偏压隧道中，地震中隧道衬砌本身有可能没有发生破坏，但是会由于边坡的大量塌方或是移动而造成隧道衬砌的破坏，如图6-1所示。

衬砌发生剪切移位破坏时,多发生在隧道穿越断层破碎带上。因为当隧道处于断层上,发生地震会产生巨大的推动力,衬砌将很难抵挡这种形式的破坏位移,如图 6-2 所示。

由于衬砌属于刚性支护,所以其抗弯和抗剪能力比较低,在地震中很容易发生开裂破坏,尤其在高烈度地区有可能会导致衬砌的坍塌。其主要的破坏形式有横向开裂、纵向开裂和斜向开裂受损等多种形式,如图 6-3 ~ 图 6-6 所示。

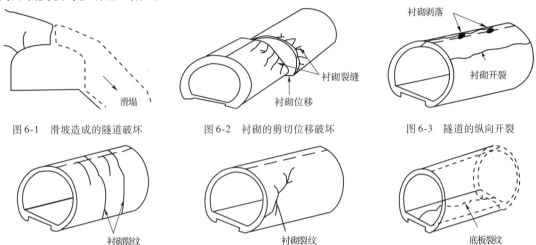

图 6-1 滑坡造成的隧道破坏　　图 6-2 衬砌的剪切位移破坏　　图 6-3 隧道的纵向开裂

图 6-4 隧道的横向开裂　　图 6-5 隧道的斜向开裂　　图 6-6 隧道的底板开裂

出现显著的边墙向内变形而造成的隧道破坏,如图 6-7 所示。

隧道洞口塌方是一种常见的隧道震害,隧道洞身主体结构的抗震能力一般较强,受地震灾害时,一般都以开裂和变形为主,很少出现隧道洞身结构完全坍塌的灾害现象,但是隧道洞口受围岩约束作用较小,并且一般都为浅埋和围岩的风化程度高,从而造成隧道洞口在震中容易发生洞口塌方,堵塞洞口,造成整个交通瘫痪,图 6-8 所示为汶川地震中隧道洞口段常见的破坏形式。

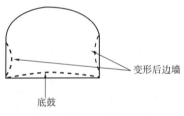

图 6-7 隧道边墙破坏

图 6-8 常见的隧道洞口破坏形式

### 6.2.2 隧道结构抗震分析方法现状

隧道及地下结构抗震理论是由地面建筑抗震理论基础上发展而来的,目前隧道及地下结构的抗震已经形成了自身的体系,并形成了不同的抗震设计方法。其分析和基本的研究方法主要有原型观测、试验研究和理论分析。

(1)原型观测

原型观测是通过实测地下结构在地震中的动力特性来得到其地震响应特征,主要包括震害调查和现场试验两大类。震害调查一般都是在地震结束后才能进行,因此受观测时间和条件的影响等限制,但是却是最真实的"原型试验"的结果,从而一直广受学者的重视。但震害调查也有其不足之处,那就是要对地震过程中的动力响应进行测量是非常困难的,无法控制输入地震波的机制和边界条件,也无法通过改变各种因素对某些特定的现象进行全方位的研究。故有时就借助于现场试验,来弥补这一缺陷。

(2)试验研究

试验研究可以分为振动台试验和人工震源试验。此方法是在人工震源或震动台的作用下,用来研究结构模型的动力特性。一般不采用人工震源试验的方法,因为,此方法的起震力比较小,要反映出建筑物结构的非线性性质和地基断裂的因素对地震反应的影响是很困难的。然而,震动台试验却能较好地反映出地下结构在地震作用下反应的影响,从而被广泛的采用。20世纪80年代末,日本铁道技术研究所利用这种方法对隧道抗震加固问题进行了研究。20世纪90年代初,为了更好地掌握隧道地下结构的地震响应特性,美国发展了大型的抗震试验。

(3)理论分析

理论研究可以分为两种方法:一种为波动法,它主要以求解波动方程为基础的,求解地下结构及其周围介质的整体的波动场和应力场,却没有考虑周围岩土等介质与结构之间的相互作用情况,没有考虑地下结构处在对该处波动场的影响。另一种是相互作用法,此方法是以地下结构为主体来求解其地震运动,结构与周围土体介质之间的相互作用是通过它们之间的相互作用力来实现的,将介质之间的相互作用等效成弹簧和阻尼罐。此两种方法各有优缺点。

(4)隧道抗震减震研究现状

抗震是通过加强结构物本身的强度来抵抗地震对结构物的影响,使这种影响在结构物的承受范围之内。解析法和数值法是目前抗震理论分析主要的两种方法。国内相关隧道规范采用的是解析法中的拟静力法,此方法是沿用地面上结构抗震的设计方法。然而,隧道结构不像地面上结构那样除基础外,其余部分都不受约束,隧道是全部或部分处于周围介质的约束之下,所以,研究隧道和周围岩土介质的相互作用是了解隧道在地震作用下受力的关键。张鸿等讨论了动力有限元法中土体材料的非线性、土体与结构间接触非线性和动力边界条件等一系列重要问题,并且以实际工程为例,运用动力有限元法对隧道的地震响应进行非线性分析。陈国兴等进行了土—地铁隧道在动力作用下相互作用的大型振动台模型试验,测出了隧道结构的加速度反应、模型地基加速度反应、结构侧向土压力反应和隧道结构应变反应,从而对试验中模型土体的地震裂缝和地下结构上浮等现象进行了描述。F. Kirzhner 等分析了在地震作用下隧道围岩的动力响应,指出了动力荷载对隧道稳定性的影响,认为在一般情况下地震荷载产生的压力要小于隧道围岩的强度,在地震作用下隧道有较高的安全度。

减震就是通过采取适当的、相应的措施来提高结构物的抗震能力,使结构物能够承受该地震响应。减震和抗震的目标都是一样的,就是使结构物所受到的地震响应达到最小。目前的许多实际工程都是利用改变地下结构本身的性能、加固围岩和设置减震系统这三种措施。高峰等运用 Newmark 隐式时间积分有限元法,采用黏—弹性人工边界,计算了不同地震作用下不同的围岩对隧道地震反应的影响,分析了隧道施工中设置减震层和注浆加固这两种方法的减震效果、使用条件和减震原理。王志杰等以隧道洞口段作为研究对象,对围岩—隧道衬砌结构体系进行了减震研究。

### 6.2.3 隧道抗震设计计算理论研究现状

研究地震运动对隧道的影响所采用的理论有两类,即波动理论和振动理论。具体的计算方法有数值计算法、解析法、简化计算法三类。

目前,在隧道抗震研究中,所采用的方法主要以振动理论为主,并采用数值方法。常用两种模型求解问题,即弹簧—质点系模型和连续体模型。

在盾构隧道的抗震研究中,所采用的计算模型就是弹簧—质点系模型,即将隧道结构离散化为质点和弹簧,将围岩作用用弹簧代替,减震层作用和管片接头都用弹簧模拟,通过调整弹簧刚度来模拟各种因素的影响。该方法是田村—冈本模型和地层反应位移法的推广。

在研究地层变化对隧道抗震的影响时,通常采用有限元方法,用实体单元模拟围岩、隧道衬砌和减震层。该方法可以考虑较多因素作用,如各种不同的地震波作用、不同的本构模型、不同的减震层厚度、不同的地形等情况。

在进行爆炸冲击震动的抗震分析时,减震地板的减震研究主要以单质点体系为主,而整体和多层减震采用有限元方法分析,以及迁移矩阵法和积分方程法等。该方面的研究已经考虑了几何非线性和物理非线性,如采用弹塑性、全量拉格朗日法(Total Lagrangian for-Mulation)研究爆炸冲击减震问题等。

波动理论是研究地震作用的主要理论之一,一直在隧道抗震中被广泛采用,建立了很多模型,主要包括地震波沿隧道纵轴传播和垂直于纵轴的横向传播两大类模型。如 St. John 法、SCRTD 法、SFBART 法、Shukla 法、福季耶娃法等。关于地震波沿纵轴传播的问题,通常认为大长度的隧道纵轴的变形受其周围地层变形的影响和控制,但要区分两种情况:对于结构刚度相对于地层刚度较小的隧道,可认为其变形与地层变形等同;对于刚度相对较大的隧道,则要考虑结构与土的相互作用,一般把隧道当作弹性地基上的梁来处理。对地震波沿隧道横断面传播问题的研究,焦点是土—结构相互作用问题以及结构横截面挠曲与应力集中问题,对于圆形洞室已有封闭解。对于其他洞形的隧道,常用静力法,如福季耶娃法等。

目前,我国公路和铁路隧道抗震设计现行规范是《公路桥梁抗震设计细则》(JTG/T B02—01—2008)和《铁路工程抗震设计规范》(GB 50111—2006),两规范中均规定"隧道的洞口浅埋和偏压地段,应为抗震设防地段。其设防长度可根据地形、地质条件确定"。两规范中隧道抗震验算范围大体为Ⅲ级围岩以上的洞口、浅埋、偏压隧道和明洞,抗震验算方法为地震系数法,仅验算隧道结构横向抗震性能,对于纵向以及隧道深埋段不作验算。另外,两规范仅考虑水平地震作用。地震系数法即地震附加力静力法,这与地面结构一致,但对于隧道来讲,计算结果比较保守。

"5·12"汶川地震震害调查表明:隧道在断层错动段震害最为严重,洞口浅埋段次之。公路与铁路隧道抗震规范均仅对洞口浅埋段横断面抗震计算方法作了规定,对洞口浅埋段纵向和断层错动段抗震设计计算方法没有规定。而洞口浅埋段横断面抗震设计计算方法采用拟静力法(地震系数法),与之有关的地震参数仅为地震动峰值加速度,而洞口浅埋段地震动峰值加速度确定方法目前还不明确。可见,现阶段我国隧道抗震设计主要在以下方面存在问题:隧道设计地震动峰值加速度取值、隧道动力响应设计计算方法、隧道抗(减)震技术、震后隧道修复技术等。

(1)拟静力法计算中隧道地震动峰值加速度如何确定

地震动参数主要包括地震幅值、频谱特性和持时。地震幅值为表征地震强弱的重要参数,主要是指地震加速度、速度、位移三者之一的峰值、最大值或有某种意义的有效值。频谱特性是指地震动对具有不同自振周期结构的反应特性,通常可以用反应谱、傅里叶谱与功率谱表示。持时对隧道结构的损坏具有重要影响,主要体现在两个方面:持时的延长会导致结构产生累积变形和破坏,以及低周疲劳可能导致结构局部强度丧失。

我国隧道抗震设计是随着地面建筑抗震设计发展而发展起来的,目前规范还未采用反应谱法,仍处于惯性力法阶段。我国现行公路和铁路隧道抗震设计规范采用拟静力法进行抗震设计计算。对于隧道结构所受的地震荷载,需要考虑两个方面,即隧道结构本身的地震荷载、隧道周围围岩对隧道结构作用的地震荷载。对于隧道结构本身的地震荷载计算,需要确定地震系数和影响系数;对于隧道周围围岩对隧道结构作用的地震荷载计算,需要确定洞顶上方土柱水平地震力和侧压力增量。而隧道结构所受的两方面地震荷载计算中,与之相关的地震参数仅为地震动峰值加速度(PGA)。

隧道抗震设计 PGA 主要根据《中国地震动参数区划图》(GB 18306—2001)和工程地震安全性评价进行选取和确定。《中国地震动参数区划图》(GB 18306—2001)主要是针对地面建筑而制定的,对于地下工程存在适应性问题。工程地震安全性评价是针对具体工程开展的,一般仅给出隧道普通段(基岩)地震动峰值加速度。对于隧道洞口浅埋段抗震设计 PGA 取值,现行隧道抗震设计没有明确规定。无论洞口浅埋段围岩为硬质围岩还是软弱围岩,洞口浅埋段设计 PGA 取值均与普通段(基岩)相同,而这与实际隧道震害现象不符。"5·12"汶川地震中,映汶路7座隧道(皂角湾隧道、毛家湾隧道、彻底关隧道、福堂隧道、桃关隧道、草坡隧道、单坎梁子隧道)洞口段均为硬质围岩,地震中震害较轻,衬砌仅出现少量裂缝;都映路3座隧道(白云顶隧道、友谊隧道、马鞍石隧道)洞口段均为软弱围岩,地震中洞口段衬砌破坏严重,出现了衬砌错台、剥落、掉块等严重震害。硬质围岩洞口段地震动峰值小于软弱围岩洞口段,是出现这种结果的一个重要原因。

国内外隧道震害实例表明,隧道洞口浅埋段是隧道抗震的薄弱部分。隧道随着埋深的增加,震害逐渐减轻。因此,隧道洞口浅埋段抗震设计 PGA 的选取对于隧道支护结构的合理设计、有效抗震措施的选取有着重要的意义。实际上,对于隧道洞口浅埋段,如围岩为硬质围岩,则洞口浅埋段设计 PGA 与普通段(基岩)取值相同;如围岩为软弱围岩,则洞口浅埋段设计 PGA 大于普通段(基岩)取值。

由于公路隧道洞口段一般位于山坡之上,其抗震设计 PGA 受地形地貌、传播介质、基岩上覆岩层厚度及地震烈度等因素影响有其自身的传播特点。国内外有关专家对平地和山坡基岩上覆岩层地震动传播规律的影响因素进行了一些研究,得出基岩上覆岩层厚度越大,地表PGA放大系数越大,地表以下30m内为PGA迅速衰减区段,大于30m后其变化对地表PGA影响很小;平地地表以下25m处PGA为地表处的1/2;日本抗震规范规定,平地地下20m PGA为地表处的1/2~2/3,中间位置可通过插值计算得出;随着坡率的增加,山体放大效应逐渐增大;地震烈度越大,地表PGA放大系数越小。山坡坡高对山坡覆盖层PGA传播规律的影响研究很少。

由于隧道洞口浅埋段衬砌抗震设计PGA取值与衬砌在基岩上覆岩层中的位置有关,为了结构安全及设计的方便性,取洞口处位置(坡面)PGA(基岩上覆岩层中PGA最大值)作为隧道洞口浅埋段衬砌抗震设计PGA值。

对于隧道洞口浅埋段,如果围岩为硬质围岩,则洞口浅埋段设计PGA与普通段(基岩)取值相同;如围岩为软弱围岩,则洞口浅埋段设计PGA大于普通段(基岩)取值。所以,软弱围岩洞口浅埋段设计PGA取值是一个难点,目前还没有一个计算方法,对现行公路隧道抗震规范拟静力法在洞口浅埋段的应用造成了困难,为此,需要进行深入的研究。

(2)拟静力法计算中隧道与围岩交互作用如何考虑

根据震害调查和震害特征分析可知,隧道洞口段为抗震设防的重点。我国现行公路和铁路隧道抗震设计规范仅对隧道洞口浅埋段横断面地震动力响应计算方法作了规定,即采用拟静力法进行抗震设计,但其地震荷载的确定却存在着较大的问题。现行规范中,将隧道洞顶上方土柱的水平地震惯性力直接移加到隧道拱顶衬砌上。对于复合式衬砌,由于围岩和衬砌之间设置有防水板,在地震作用下,衬砌与围岩变形不一致,因此,衬砌与围岩之间在切向方向会出现剪切滑移现象,在法向会出现脱空现象。

围岩与衬砌结构之间在切向方向出现剪切滑移,说明围岩与衬砌结构之间不能百分之百传递剪力,只能传递部分剪力,因此,隧道洞顶上方土柱的水平地震惯性力不能百分之百移加到隧道拱顶衬砌上。目前,关于围岩与衬砌结构之间剪力采用何种形式进行传递,即其大小、分布形式均不清楚。

衬砌与围岩之间在法向出现脱空现象,将引起弹性抗力发生变化。在隧道拟静力法中,用弹簧来模拟围岩对衬砌的作用,即用弹簧模拟弹性抗力作用。可见,脱空现象会导致围岩与衬砌间弹性抗力大小与分布发生变化,目前,该问题也没有探讨清楚。

国内外有关专家对拟静力法、反应位移法及时程分析法的特点和适应性进行过归纳、对比分析及系统研究,并对拟静力法进行了修正,提出了根据不同围岩级别和隧道不同跨度,选取不同计算埋深进行抗震计算的修正计算方法,但这些方法都存在一定的局限性,限制了推广应用。

(3)隧道洞口纵向抗震设计计算如何考虑

现有的隧道纵向抗震研究理论方法有ST. John法、Shukla法、反应位移法、三维有限元整体动力计算方法。ST. John法和Shukla法可以解决一般浅埋隧道纵向抗震设计问题,但由于隧道洞口存在鞭梢效应和临空面效应,因此,这两种方法是否适应于洞口设计计算还存在问题。三维有限元整体动力法可以解决该问题,但往往消耗计算机资源大,计算时间长,不适用于大量的设计计算。反应位移法是日本现行规范采用的方法,可以解决该问题,但我国现阶段还没有提出单位水平地震系数速度反应谱,因此,反应位移法进行隧道洞口纵向抗震设计还存在一定的难度。

(4)断裂黏滑隧道如何进行抗震设计

由"5·12"汶川地震公路隧道震害调查及震害特征可知,隧道断裂黏滑段震害最为严重,其纵向是隧道结构抗震设防的重点。但目前国内外对断裂黏滑隧道抗震设计计算方法研究还很少,我国现行公路和铁路隧道抗震设计规范也没有对断裂黏滑隧道抗震设计计算方法作出明确规定。

国内外对生命线工程、油气输送管道线路工程断裂黏滑段抗震设计计算方法研究比较充分,但由于隧道结构与这类工程在埋深和跨度等几何参数、混凝土与钢管等物理力学参数存在较大差别,因此,两者的抗震设计计算方法有很大不同,需要进行深入研究。

## 6.3 注浆加固对泥石流堆积体隧道衬砌抗震设计效果分析

世界上注浆最早应用于建筑工程中是从 1802 年法国人 Charles. Berlghy 采用石灰、黏土浆加固迪普港的砖石砌体算起,至今已有 200 多年。之后,1826 年英国人阿普丁发明了一种能在水中硬结的水硬性材料——硅酸盐水泥,在 1856~1858 年间英国人 W. R Kinippe 第一次把水泥用于注浆。1880~1905 年又相继研制了压缩空气注浆机和类似于现在使用的压力注浆泵用于注浆施工。而化学注浆是从 1920 年德国的尤斯登首先使用水玻璃和氯化钙作为注浆材料开始的。到 20 世纪 50 年代注浆技术在全世界得到了普遍重视、研究和应用。美国麻省理工学院在 20 世纪 50 年代初就建立了专门的化学注浆加固实验室,主持人是土力学家朗伯教授和化学家米歇尔教授。1988 年在奥地利建立了跨学科的注浆工程组织,1989 年国际岩石力学学会创立了国际岩石注浆专业委员会,主席为奥地利萨尔茨堡大学的维德曼教授。我国在 20 世纪 50 年代初期初步掌握了注浆技术,从 20 世纪 60 年代开始研究并逐步推广应用化学注浆技术。20 世纪 70 年代随着开始在岩溶发育地区修建高坝,为解决这类地质条件下坝基渗透,发展了帷幕注浆法。近 30 年来,在注浆的许多方面,包括材料品种、施工设备与技术,自动控制、检测手段,以及处理第四系黄土层注浆堵水等方面都获得了重大进展。

注浆技术主要用于加固地基、矿井和隧道的围岩。岩体中存在大量地质构造面,如断层、裂隙、层理,是影响岩体稳定性的根本内因,而地表水、地下水对这些弱面的冲刷和润滑作用,则是造成岩体不稳的直接外因。注浆不仅能消除外因,而且在浆液的网络胶结作用下,岩体的强度、内摩擦角、内聚力均可得以提高。当隧道无法避免穿越泥石流地带时,通过加固围岩来提高加固区内的围岩的强度和抗变形能力,调整了隧道围岩的刚度与隧道结构刚度相匹配,从而有利于隧道结构抵抗地震荷载作用下产生的变形,减少围岩的变形量,对隧道衬砌起到一个缓冲层的作用,从而减少衬砌的变形量,达到隧道结构防震的效果。

### 6.3.1 注浆加固形式

注浆施工没有统一的分类方法,但一般按以下几种分类。

(1)按岩土地层揭露前后进行分类

①预注浆:当井筒、巷道、石同室等构筑物在开凿前或开凿到接近含水层以前所进行的注

浆工程,称为预注浆。煤炭行业常见的有地面预注浆、工作面预注浆。预注浆法进行岩土堵水和加固,使事故防患于未然。

②后注浆:当井筒、巷道、石同室等构筑物掘砌以后注浆称为后注浆。

(2)按注浆使用的浆材进行分类

①水泥注浆:浆液材料以水泥为主,包括添加其他附加剂。

②黏土注浆:浆液材料以黏土为主,包括黏土—水泥浆。

③化学注浆:注浆材料以化学浆液为主剂。

(3)按浆液进入地层产生能量方式进行分类

①静压注浆:浆液用注浆泵输送,使浆液压入或渗透入受注地层,称为静压注浆。

②高压喷射注浆:浆液利用高压泵输送,并通过加特殊的喷嘴产生具有巨大动能的喷射流切削地层,与土、砂颗粒搅拌混合,凝结称为高压喷射注浆。

(4)按浆液在地层中运动的方式进行分类

①充填注浆:浆液充填大裂隙、石同室等称为充填注浆。

②挤压注浆(或劈裂注浆):依靠注浆压力迫使浆液在地层中压开各种各样的通道来挤入地层,浆液多呈现脉络状或树枝状固结,这种浆液可以使松软地层挤压密实,所以在地基加固中也称为压密注浆。

③置换注浆:通过一定的方法把受注地层中的土、砂释放出来,形成的空间用浆液充填,称为置换注浆。

④高压喷射注浆:利用喷射流的动能进行注浆。

但是,隧道抗震注浆加固常用的三种加固处理方式有全环间隔注浆、全环接触注浆和局部注浆,如图6-9所示。

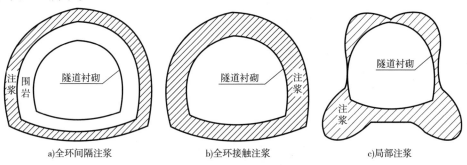

图6-9 隧道注浆加固方法

全环间隔注浆法是"围岩—加固区—围岩—隧道结构"的模式,改变了以往的"围岩—隧道"模式。此种加固方法能有效地耗损地震波传来的能量,从而使隧道衬砌的破坏程度降低;全环接触注浆法是在隧道全环面上注浆,形成一个封闭的加固圈,所施作的隧道衬砌与之相接触;局部注浆法是在隧道几个薄弱地方进行注浆,形成局部的加固区,以达到抗震减振的作用。

### 6.3.2 注浆加固方案比选

(1)四种不同的注浆加固工况

本节分析四种不同注浆加固工况下隧道衬砌在地震中的响应,从而对比得出对衬砌抗震较有利的注浆加固形式。四种注浆加固形式如图6-10所示。

a)全环间隔注浆加固

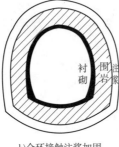
b)全环接触注浆加固

c)上部局部注浆加固

d)下部局部注浆加固

图6-10 各种工况下注浆加固形式

(2)隧道模型的建立与参数的确定

利用FLAC 3D数值模拟隧道结构在地震荷载作用下的动力响应分析,取有限差分的计算模型来模拟无限介质,泥石流地层及支护计算参数如表6-2所示,计算模型如图6-11所示。

泥石流地层和支护的物理力学性能指标　　　　　　表6-2

| 性能指标<br>材料类型 | 密度<br>($kN/m^3$) | 弹性模量<br>(MPa) | 泊松比 | 黏聚力<br>(kPa) | 内摩擦角<br>(°) | 剪胀角<br>(°) |
|---|---|---|---|---|---|---|
| 细角砾土地层 | 18.3 | 100 | 0.40 | 5.0 | 30 | 5 |
| 基底土层 | 24.0 | 2000 | 0.30 | 500 | 38 | 5 |
| 注浆加固C25 | 23.6 | 28334 | 0.20 | | | |
| 二次衬砌C45 | 24.0 | 33500 | 0.20 | | | |

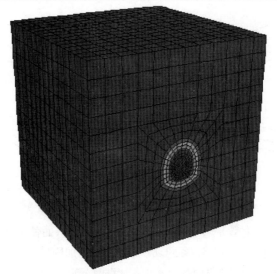

图6-11 隧道动力计算模型

(3)地震波的确定及检测点布置

本章采用瑞利阻尼来表征岩土体在地震波传播的过程中的阻尼作用。地震波使用的P波是地震波埃而森特罗波(EI Centro),它的20s加速度时程曲线如图6-12所示。该地震波是从模型底部施加,模型的动力边界采用的是静态边界条件。

# 第6章 泥石流堆积体隧道衬砌抗震设计

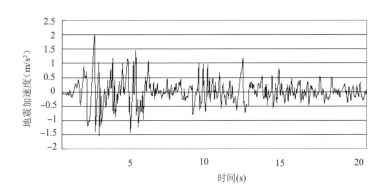

图 6-12 地震及速度时程曲线

监测点设在隧道的衬砌上,沿隧道进深方向每隔 6m 设一组监测点,位置如图 6-13 所示。

## 6.3.3 注浆加固计算结果分析

(1)沉降位移对比分析

全环间隔注浆加固、全环接触注浆加固、上部局部注浆加固及下部局部注浆加固等四种工况的衬砌各关键位置沉降位移分别如图 6-14~图 6-17 所示。横断面 $y=30$m 处四种工况下,衬砌关键位置沉降位移对比如图 6-18 所示。衬砌在横断面 $y=30$m 处各关键部位沉降位移如表 6-3 所示。

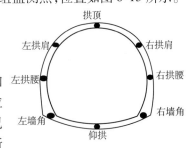

图 6-13 衬砌上横断面监测点示意图

衬砌横断面 $y=30$m 处关键部位沉降位移(单位:mm)　　表 6-3

| 工况＼位置 | 拱顶 | 拱肩 | 拱腰 | 墙角 | 仰拱 |
|---|---|---|---|---|---|
| 全环间隔注浆 | 1.16 | −24.66 | −39.59 | −29.86 | 1.15 |
| 全环接触注浆 | 1.29 | −24.27 | −38.90 | −29.37 | 1.29 |
| 上部局部注浆 | 1.09 | −23.50 | −37.60 | −28.25 | 1.09 |
| 下部局部注浆 | 1.32 | −23.13 | −37.31 | −28.16 | 1.31 |

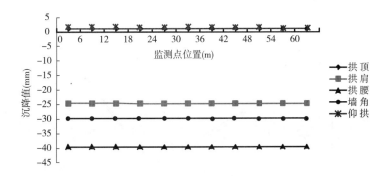

图 6-14 全环间隔注浆沉降位移值

65

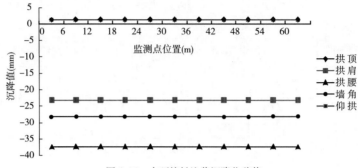

图 6-15 全环接触注浆沉降位移值

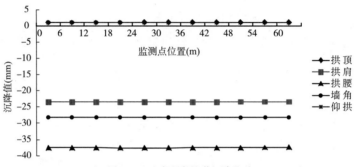

图 6-16 上部局部注浆沉降位移

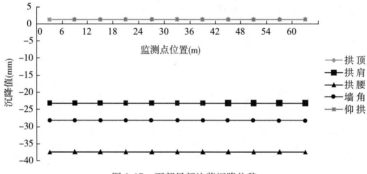

图 6-17 下部局部注浆沉降位移

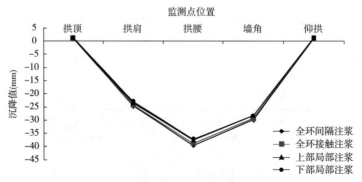

图 6-18 横断面 $y=30$ m 处沉降位移对比

由图 6-14～图 6-18 及表 6-3 可知,泥石流堆积体隧道衬砌在地震的作用下,其沉降位移表现为在拱顶和仰拱处为正值(即向上隆起),隆起值在 1.2mm 左右;衬砌拱肩、拱腰和墙角处的沉降值表现负值(即下沉),其规律表现拱腰处沉降最大,其次墙角,最小为拱肩处。在同种工况下,各个关键部位在同一水平位置处的沉降值基本上不变。四种工况下衬砌沉降值相差很小。

(2)主震方向位移对比分析

经过初步的数据分析可以得到,在同种工况下,衬砌的各个关键部位的位移在同一水平位置处的沉降值基本上不变,所以选择横断面 $y=30$m 处的截面进行分析。四种工况下,衬砌在横断面 $y=30$m 处,各关键部位沿主震方向($x$ 方向)位移对比如图 6-19 所示。衬砌在横断面 $y=30$m 处各关键部位沿主震方向($x$ 方向)位移如表 6-4 所示。

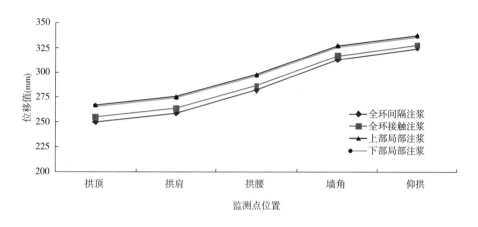

图 6-19 横断面 $y=30$m 处主震方向位移对比

衬砌横断面 $y=30$m 处关键部位沿主震方向($x$ 方向)位移(单位:mm)　　表 6-4

| 位置<br>工况 | 拱顶 | 拱肩 | 拱腰 | 墙角 | 仰拱 |
| --- | --- | --- | --- | --- | --- |
| 全环间隔注浆 | 250.1 | 259.0 | 282.4 | 313.0 | 323.9 |
| 全环接触注浆 | 255.1 | 264.0 | 286.9 | 316.9 | 327.7 |
| 上部局部注浆 | 267.2 | 275.7 | 297.8 | 327.3 | 337.6 |
| 下部局部注浆 | 260.0 | 274.4 | 296.7 | 325.6 | 335.9 |

由图 6-19 及表 6-4 可以得出,在对比衬砌在主震方向的位移时,泥石流隧道在地震中的加固效果最好的是全环间隔注浆加固,加固效果最差的是上部局部注浆加固。

(3)主应力对比分析

四种工况下,衬砌关键部位上出现的最大主应力峰值如表 6-5 所示。全环间隔注浆加固、全环接触注浆加固、上部局部注浆加固及下部局部注浆加固等四种工况的衬砌各关键位置最大主应力峰值分别如图 6-20～图 6-23 所示。

衬砌上出现的最大主应力峰值(单位:kPa)　　　　表 6-5

| 工况<br>位置 | 全环间隔注浆 | 全环接触注浆 | 上部局部注浆 | 下部局部注浆 |
| --- | --- | --- | --- | --- |
| 拱顶 | -49.29 | 405.03 | 671.70 | -44.53 |
| 拱肩 | -94.29 | 47.70 | 204.05 | -117.16 |
| 拱腰 | -186.90 | 0.81 | 315.70 | -220.87 |
| 墙角 | -157.08 | 590.84 | 66.15 | 805.00 |
| 仰拱 | 109.10 | 598.05 | 255.38 | 770.26 |

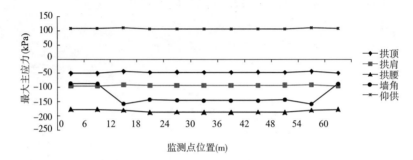

图 6-20　全环间隔注浆衬砌关键部位出现的衬砌最大主应力峰值

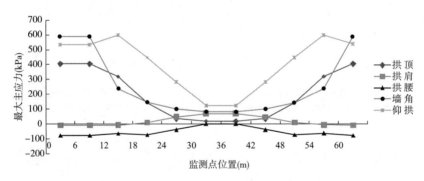

图 6-21　全环接触注浆衬砌关键部位出现的最大主应力峰值

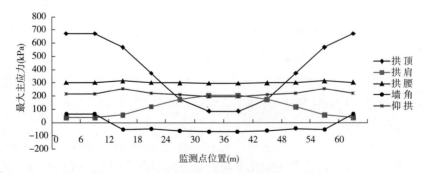

图 6-22　上部局部注浆衬砌关键部位出现的最大主应力峰值

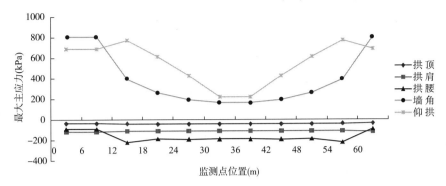

图 6-23 下部局部注浆衬砌关键部位出现的最大主应力峰值

由图 6-20～图 6-23 及表 6-5 可知,四种工况下,仰拱处的最大主应力都表现为正值(即为拉应力);全环间隔注浆加固时,除仰拱处最大主应力为拉应力外,其他衬砌关键部位都没有出现拉应力,但其他三种工况的关键部位都出现较大的拉应力,而在衬砌设计时,应尽可能避免衬砌上出现拉应力,从这可以看出,全环间隔注浆加固应用在泥石流隧道在抗震加固中效果最好。

另外,四种工况下,衬砌关键部位上出现的最小主应力峰值如表 6-6 所示。

衬砌上出现的最小主应力峰值(单位:MPa)　　　　表 6-6

| 工况<br>位置 | 全环间隔注浆 | 全环接触注浆 | 上部局部注浆 | 下部局部注浆 |
| --- | --- | --- | --- | --- |
| 拱顶 | -2.76 | -1.08 | -0.96 | -3.28 |
| 拱肩 | -3.04 | -1.83 | -1.95 | -3.62 |
| 拱腰 | -3.30 | -2.16 | -2.83 | -3.95 |
| 墙角 | -2.83 | -1.63 | -3.94 | -1.53 |
| 仰拱 | -2.86 | -1.00 | -3.97 | -0.97 |

由表 6-6 可知,四种工况的最小主应力值为负,表现为压应力,在衬砌上出现的最小主应力的峰值较小,没有达到衬砌混凝土的最大抗压强度。

(4) 加速度对比分析

全环间隔注浆加固、全环接触注浆加固、上部局部注浆加固及下部局部注浆加固四种工况的横断面 $y=30\mathrm{m}$ 处的仰拱沿主震方向加速度时程曲线分别如图 6-24～图 6-27 所示。

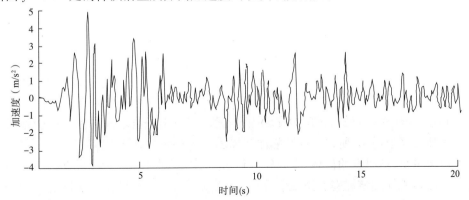

图 6-24 全环间隔注浆加固横断面 $y=30\mathrm{m}$ 处仰拱沿主震方向加速度时程曲线

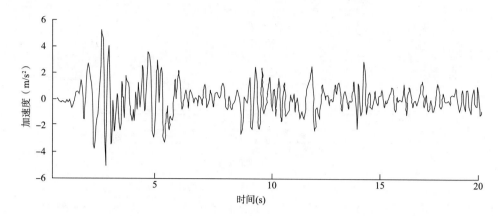

图 6-25　全环接触注浆加固横断面 $y=30\mathrm{m}$ 处仰拱沿主震方向加速度时程曲线

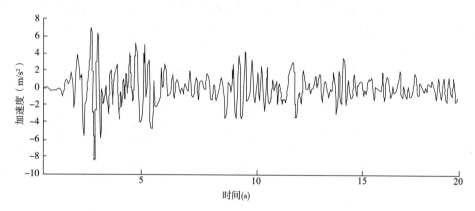

图 6-26　上部局部注浆加固横断面 $y=30\mathrm{m}$ 处仰拱沿主震方向加速度时程曲线

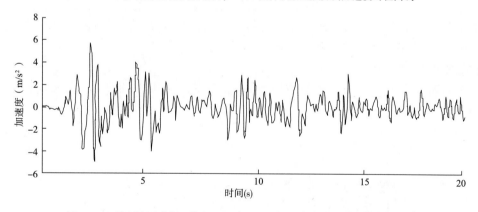

图 6-27　下部局部注浆加固横断面 $y=30\mathrm{m}$ 处仰拱沿主震方向加速度时程曲线

由图 6-24~图 6-27 可知,衬砌的震动频谱特性一致,但是全环间隔注浆加固施工方案在衬砌上的加速度峰值最小,所以全环间隔注浆加固方案对泥石流堆积体隧道的抗震较为有利。

综合以上可得,由衬砌的位移、应力分析和加速度时程曲线对比可以得出,全环间隔注浆加固在泥石流堆积体隧道抗震加固效果最好,建议以后在泥石流堆积体隧道抗震加固方案中运用全环间隔注浆加固方案。

## 6.4 全环间隔注浆加固的参数优化

全环间隔注浆加固隧道结构示意图如图 6-28 所示。

在隧道全环间隔注浆加固中,我们主要考虑图 6-28 中夹层围岩 $h$ 的厚度和加固区域 $D$ 的厚度,考虑了四种不同的工况,如表 6-7 所示。计算模型及计算参数同前。

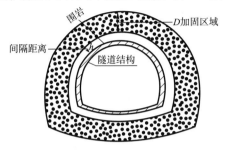

图 6-28 全环间隔注浆加固隧道结构示意图

隧道全环间隔注浆加固工况　　表 6-7

| 工况 | 注浆加固形式 |
| --- | --- |
| 1 | 间隔 $h=2\mathrm{m}$,厚度 $D=2\mathrm{m}$ |
| 2 | 间隔 $h=2\mathrm{m}$,厚度 $D=3\mathrm{m}$ |
| 3 | 间隔 $h=3\mathrm{m}$,厚度 $D=2\mathrm{m}$ |
| 4 | 间隔 $h=3\mathrm{m}$,厚度 $D=3\mathrm{m}$ |

### 6.4.1 位移对比分析

由上面分析可知,不同的加固方案对隧道衬砌位移沿主震方向的影响较大,其他方向的影响较小,所以下面对位移的分析就只考虑主震方向的位移。并且由上面分析可知,各个关键部位在同一水平位置处的沉降值基本上不变,所以选择 $y=30\mathrm{m}$ 处的衬砌断面进行分析。四种工况下,衬砌在横断面 $y=30\mathrm{m}$ 处,各关键部位沿主震方向($x$ 方向)位移对比如图 6-29 所示。衬砌在横断面 $y=30\mathrm{m}$ 处各关键部位沿主震方向($x$ 方向)位移如表 6-8 所示。

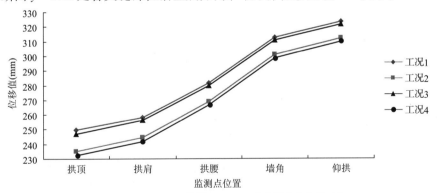

图 6-29 四种工况下横断面 $y=30\mathrm{m}$ 处主震方向位移对比

衬砌横断面 $y=30\mathrm{m}$ 处关键部位沿主震方向($x$ 方向)位移(单位:mm)　　表 6-8

| 项目<br>位置 | 工况 1 | 工况 2 | 工况 3 | 工况 4 |
| --- | --- | --- | --- | --- |
| 拱顶 | 249.5 | 235.3 | 247.1 | 232.4 |
| 拱肩 | 258.4 | 244.7 | 256.1 | 241.9 |
| 拱腰 | 281.8 | 269.0 | 279.7 | 266.4 |
| 墙角 | 312.5 | 300.8 | 310.7 | 298.6 |
| 仰拱 | 323.3 | 312.2 | 321.6 | 310.0 |

从图 6-29 及表 6-8 可以得出：由工况 1 和工况 2 对比及工况 3 和工况 4 对比可知，在注浆间隔 $h$ 不变的情况下，随着加固厚度 $D$ 的增大，衬砌上各个关键部位上的位移都有一定幅度的减小，工况 2 对比工况 1 减小平均幅度为 5.7%，工况 4 对比工况 3 减小平均幅度为 5.9%；由工况 1 和工况 3 对比及工况 2 和工况 4 对比可知，在加固厚度 $D$ 不变的情况下，随着注浆间隔 $h$ 的增大，衬砌上各个关键部位上的位移都有所减小，但减小的幅度相当有限，工况 3 对比工况 1 减小平均幅度为 0.96%，工况 4 对比工况 2 减小平均幅度为 1.2%。所以可以得出，注浆间隔距离 $h$ 对衬砌的位移影响较小，注浆加固厚度 $D$ 对衬砌位移的影响较大。所以选择工况 2（间隔 $h=2m$，厚度 $D=3m$）对隧道衬砌抗震的位移影响较为有利。

### 6.4.2 应力对比分析

由上面分析可得，衬砌的破坏主要和衬砌上的最大主应力有关，当最大主应力为正时，表现衬砌上出现集中拉应力。所以应力分析就只选择最大主应力分析。并由图 6-20 可知，全环间隔注浆施工方法只在衬砌的仰拱上出现拉应力，所以现在只对比这四种工况下的仰拱处的最大主应力。四种工况下衬砌仰拱处最大主应力对比如图 6-30 所示，仰拱处最大主应力峰值如表 6-9 所示。

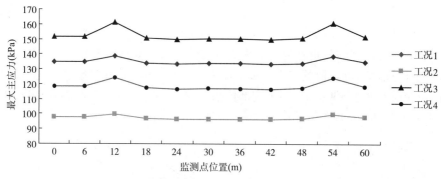

图 6-30 四种工况下衬砌仰拱处最大主应力对比

**仰拱处最大主应力峰值**（单位：kPa）  表 6-9

| 项目<br>参数 | 工况 1 | 工况 2 | 工况 3 | 工况 4 |
| --- | --- | --- | --- | --- |
| 最大拉应力 | 124.5 | 99.6 | 161.2 | 138.8 |

从图 6-30 及表 6-9 可以得出：由工况 1 和工况 2 对比及工况 3 和工况 4 对比可知，当注浆间距 $h$ 不变的情况下，衬砌上的最大主应力峰值随注浆厚度 $D$ 的增大而降低；由工况 1 和工况 3 对比及工况 2 和工况 4 对比可知，当注浆厚度 $D$ 不变的情况下，衬砌上的最大主应力峰值随注浆间距的增大反而增加。由这规律可以得出，工况 2（间隔 $h=2m$，厚度 $D=3m$）对隧道衬砌抗震较为有利。

### 6.4.3 加速度对比分析

四种工况下衬砌 $y=30m$ 断面仰拱处主震方向加速度时程曲线对比如图 6-31 所示。
由图 6-31 可得，衬砌上的加速度时程曲线的趋势一致，也就是震动频谱特性一致。

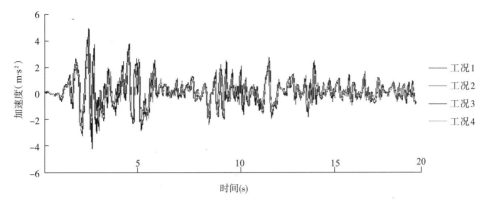

图 6-31　四种工况下衬砌 $y=30\mathrm{m}$ 断面仰拱处主震方向加速度时程曲线

由上面分别对四种工况下衬砌的位移、最大主应力和加速度时程曲线进行了分析对比得出，工况 2（间隔 $h=2\mathrm{m}$，厚度 $D=3\mathrm{m}$）对泥石流隧道衬砌在抗震中较为有利，建议针对泥石流堆积体隧道采用全环间隔注浆加固的参数为：注浆间隔距离 $h=2\mathrm{m}$，注浆加固厚度 $D=3\mathrm{m}$。

## 6.5　减震层对泥石流堆积体隧道衬砌抗震设计分析

设置减震层是隧道为了应对地震的影响而常用的减震措施，其原理是在隧道结构的外围设置一层抗剪弹性系数小的减震层，用来吸收地层剪切变形，而不是把地层变形直接传递给隧道的结构，从而起到了缓冲层作用。减震层可以设置在围岩与衬砌之间或初期支护与二衬之间，其设置示意图如图 6-32 所示。围岩相对错动时，缓冲层可以吸收围岩变形，从而减小围岩对隧道衬砌的变形输入，达到减震目的。

### 6.5.1　计算模型的建立与隧道力学参数

本节只考虑减震层对隧道衬砌抗震的影响，所以只在隧道衬砌周围设置一圈厚度为 10cm 的橡胶材料减震层，其隧道计算模型如图 6-33 所示，隧道土体参数和支护参数如表 6-10 所示。

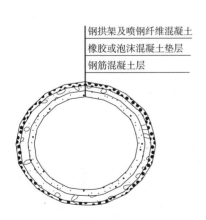

图 6-32　减震层设置示意图

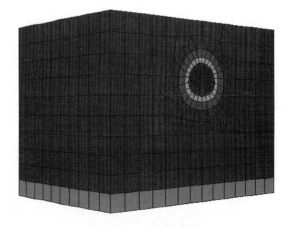

图 6-33　隧道计算模型

隧道土体参数和支护参数　　　　表6-10

| 参数<br>材料类型 | 重度<br>(kN/m³) | 弹性模量<br>(MPa) | 泊松比 | 黏聚力<br>(kPa) | 内摩擦角<br>(°) | 剪胀角<br>(°) |
|---|---|---|---|---|---|---|
| 细角砾土地层 | 18.3 | 100 | 0.40 | 5.0 | 30 | 5 |
| 基底土层 | 24.0 | 2000 | 0.30 | 500 | 38 | 5 |
| 减震层 | 11.0 | 300 | 0.45 | 0.5 | 5 | 5 |
| 二次衬砌 C45 | 24.0 | 33500 | 0.20 | | | |

### 6.5.2　计算结果分析

（1）沉降位移分析

无减震层衬砌关键部位沉降如图 6-34 所示，设减震层衬砌关键部位沉降如图 6-35 所示，两种工况下衬砌断面 $y=30\text{m}$ 处关键部位沉降对比如图 6-36 所示，衬砌断面 $y=30\text{m}$ 处各关键部位沉降值如表 6-11 所示。

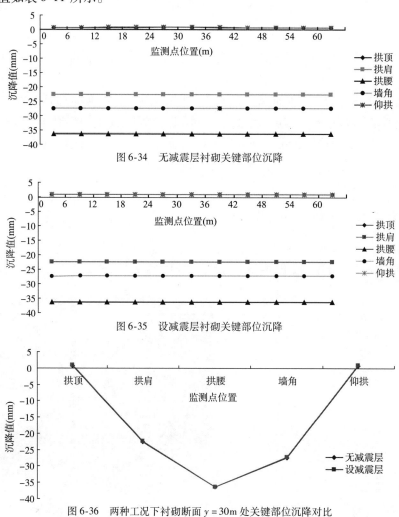

图 6-34　无减震层衬砌关键部位沉降

图 6-35　设减震层衬砌关键部位沉降

图 6-36　两种工况下衬砌断面 $y=30\text{m}$ 处关键部位沉降对比

衬砌断面 $y=30m$ 处各关键部位沉降值（单位:mm） 表6-11

| 项目\位置 | 拱顶 | 拱肩 | 拱腰 | 墙角 | 仰拱 |
| --- | --- | --- | --- | --- | --- |
| 无减震层 | 0.762 | -22.53 | -36.33 | -27.33 | 0.765 |
| 设减震层 | 0.879 | -22.42 | -36.26 | -27.25 | 0.896 |

由图6-34~图6-36及表6-11可知,在设置减震层和无减震层的两种工况下,对比其衬砌各关键部位的沉降位移可以发现,减震层对泥石流堆积体隧道衬砌沉降影响非常有限,基本上没影响。

（2）主震方向位移分析

无减震层衬砌关键部位沿主震方向位移如图6-37所示,设减震层衬砌关键部位沿主震方向位移如图6-38所示,两种工况下衬砌断面 $y=30m$ 处关键部位沿主震方向位移对比如图6-39所示,衬砌断面 $y=30m$ 处各关键部位沿主震方向位移值如表6-12所示。

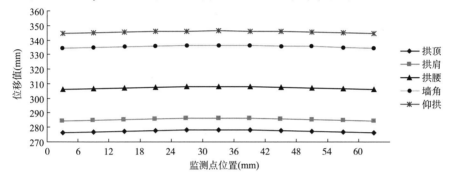

图6-37 无减震层衬砌关键部位沿主震方向位移

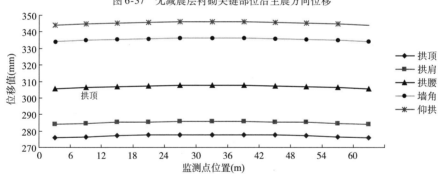

图6-38 设减震层衬砌关键部位沿主震方向位移

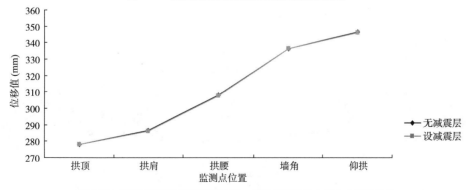

图6-39 两种工况下衬砌断面 $y=30m$ 处关键部位沿主震方向位移对比

两种工况下衬砌断面 $y=30m$ 处关键部位沿主震方向位移对比（单位：mm）　表 6-12

| 项目 \ 位置 | 拱顶 | 拱肩 | 拱腰 | 墙角 | 仰拱 |
|---|---|---|---|---|---|
| 无减震层 | 278.2 | 286.3 | 307.9 | 336.4 | 346.3 |
| 设减震层 | 277.9 | 286.0 | 307.6 | 336.2 | 346.0 |

由图 6-37～图 6-39 及表 6-12 可知，在设置减震层和无减震层的两种工况下，对比其衬砌各关键部位沿主震方向位移可以发现，减震层对泥石流隧道衬砌沿主震方向位移的影响非常有限，基本上没影响。

（3）应力对比分析

无减震层衬砌关键部位最大主应力如图 6-40 所示，设减震层衬砌关键部位最大主应力如图 6-41 所示，两种工况下墙角和仰拱处的最大主应力对比如图 6-42 所示。

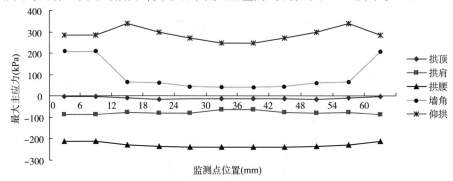

图 6-40　无减震层衬砌关键部位最大主应力

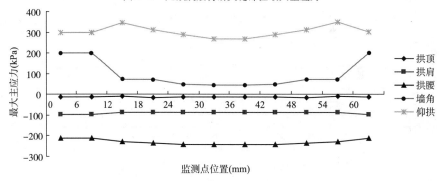

图 6-41　设减震层衬砌关键部位最大主应力

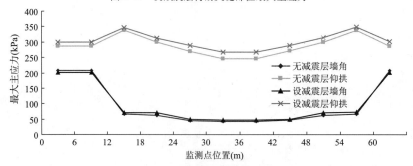

图 6-42　两种工况下墙角和仰拱处的最大主应力对比

由图6-40～图6-42可知,泥石流隧道在设置减震层和无减震层两种工况对比,其衬砌上关键部位上最大主应力变化不大,在衬砌的墙角和仰拱出现拉应力集中,对比其拉应力,设置减震层的工况在仰拱处的拉应力比无减震层工况情况下还有一定程度增大。所以可以得出,泥石流隧道在衬砌周围设置减震层对衬砌的最大主应力影响非常小。

(4)加速度对比分析

设减震层和无减震层两种工况下,衬砌断面 $y=30\text{m}$ 处仰拱沿主震方向加速度时程曲线对比如图6-43所示。

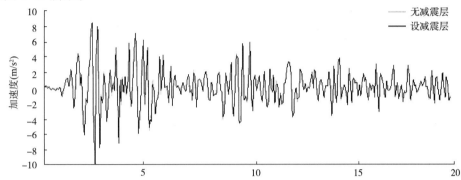

图6-43 两种工况下断面 $y=30\text{m}$ 处仰拱沿主震方向加速度时程曲线对比

由图6-43可知,在设减震层和无减震层的两种工况下,对比其仰拱处的加速度时程曲线可得,两种工况衬砌的震动频谱特性是一致的。

综合以上分析可得,在泥石流堆积体隧道抗震中,设置减震层对隧道衬砌的影响很小,建议以后的类似工程中,可以不考虑减震层的减震措施。

## 6.6 小结

①在泥石流堆积体隧道抗震加固设计方案中,全环间隔注浆加固效果较好,建议以后在泥石流堆积体隧道抗震加固方案中运用全环间隔注浆加固方案,注浆间隔距离 $h=2\text{m}$,注浆加固厚度 $D=3\text{m}$。

②在泥石流堆积体隧道抗震中,设置减震层对隧道衬砌的影响很小,建议以后的类似的工程中,可以不考虑减震层的减震措施。

# 下 篇
## 施工实践篇

第 7 章　泥石流堆积体隧道加固区范围及方法
第 8 章　泥石流堆积体隧道施工方法研究
第 9 章　泥石流堆积体隧道基底处理技术研究
第 10 章　泥石流堆积体隧道施工技术研究
第 11 章　泥石流堆积体隧道施工监控量测技术

# 第7章 泥石流堆积体隧道加固区范围及方法

## 7.1 泥石流堆积体隧道安全施工的基本原则

根据新奥法施工的基本原则"少扰动、早支护、勤量测、紧封闭"、隧道施工的十八字方针"管超前、严注浆、短进尺、强支护、紧封闭、勤量测"及软弱破碎围岩隧道施工实践,穿越泥石流体隧道安全施工应遵循的基本原则为"预支护、快挖、快支、快闭合"。

①"预支护"是在开挖前,针对开挖后预计的变形实态,事前采取的控制变形的对策,预支护的目的是控制掌子面前方先行位移和挤出位移。

②"快挖"是采取全断面法或台阶法进行快速掘进的对策,快挖的重点是控制开挖进尺及分部距离。

③"快支"是采取初期支护控制变形的对策,其目的是控制初期位移速度及最终位移值。

④"快闭合"是使变形早期收敛的对策,其目的是控制收敛距离以及控制位移收敛时间。

在上述原则下,重点是"预支护"和"快闭合",尽可能地在短时间内使开挖后的断面(横断面及纵断面)闭合,是非常重要的。如上台阶的临时闭合、各种导洞的临时闭合以及整个断面的闭合等。施工中虽然大家都认识到及时闭合的重要性,但常常由于技术上的、管理上的原因却做不到这一点。因此改善我们的技术现状和提高管理水平,就显得异常重要。

在断面闭合上,我们强调的是时间概念。因为开挖后的围岩动态的发展与时间密切相关。

众所周知,隧道开挖后,随着时间的推移,变形也在发展。一般来说,刚开挖过后,变形发展很快,掌子面挤出位移、掌子面前方先行位移以及掌子面后方位移都在发展,即初期变形速度很快,而且变形值也比较大。因此,如果能够控制住这些变形的初期发展,也就控制了变形的后期发展,就可以控制隧道围岩的松弛。从目前的施工状态看,我们远远没有做到这一点。特别是缺乏控制掌子面前方的先行位移和挤出位移的意识。

另一个时间概念就是从开挖到初期支护全断面闭合的时间。在复杂地形、地质条件下,从开挖到全断面初期支护的闭合时间越短越好,闭合距离也是越短越好。因为,初期支护全断面闭合的过程,就意味着隧道变形逐渐趋于稳定(收敛)的过程。而闭合距离,基本上要求在距掌子面2~3倍隧道开挖跨度之内,甚至更短一些。例如:在法兰克福的地铁中,这一时间减少到9h,使地表下沉得以减小。在慕尼黑地铁中,采用了闭合时间几乎为零的施工方法,使地表下沉进一步减少。在日本的新干线和公路隧道中,之所以多采用微台阶的全断面开挖方法,其目的就是缩短全断面的闭合时间。

总结近十年矿山法的实绩和经验可以看出:在复杂地形、地质条件下,山岭隧道施工最基本的经验,就是"断面的初期支护早期闭合",这已为众多实绩所证实。

全断面早期闭合工法的优点可归纳如下:

①施工简便;
②开挖速度快;
③断面形状良好,周边围岩应力状态也好;
④支护效率高;
⑤能够把隧道开挖影响控制在最小限度。

因此,在围岩状态差,隧道变形显著的隧道,采用使最终断面早期闭合的全断面法和带辅助措施的台阶法,是最佳选择。

## 7.2 常用围岩加固(预支护)技术现状及评价

根据软弱、破碎围岩的变形规律,软弱、破碎围岩在掌子面前方较大范围内就已经开始发生变形,如果不采取超前支护措施,此变形将显著增加,并带动掌子面周边变形发展。掌子面前方的变形是无法通过掌子面后方的支护或加固措施控制的,因此,超前加固(支护)是软弱、破碎围岩隧道变形控制的关键,也是软弱、破碎围岩隧道实现安全施工的基础。

目前,我国软弱、破碎围岩隧道施工过程中最大的问题就是对超前支护重视不足,往往是出现了较大变形后才加强支护措施,这些措施多是掌子面后方的、补救性的支护措施。对于软弱、破碎围岩来说,掌子面前方的超前支护对围岩变形的控制效果要比掌子面后方的支护措施好得多。正是由于超前加固(支护)的缺失,往往导致需要在掌子面后方采取大量复杂的支护措施才能控制住围岩的变形,这些加固(支护)措施效果不佳且耗时耗力,严重影响了施工安全和施工速度。

超前加固(支护)也是少分部大进尺开挖方法的前提。软弱、破碎围岩强度低、变形大、稳定性差,要实现少分部大进尺的快速施工,则必须在开挖之前,对掌子面前方围岩进行预支护或预加固,以确保后续施工工序的安全。

随着开挖技术、锚喷支护技术、地层改良技术的研究应用和发展,隧道工作者研究出了许多辅助稳定措施,从而使得现代隧道工程施工的开挖和支护变得更简捷、及时、有效,也更具有可预防性和安全性。

隧道施工中常用的辅助稳定措施有:

$$\text{稳定工作面} \begin{cases} \text{预留心土挡护开挖面} \\ \text{喷射混凝土封闭工作面} \end{cases}$$

超前锚杆

$$\text{管棚超前支护前方围岩} \begin{cases} \text{小导管} \\ \text{长管棚} \end{cases}$$

水平旋喷超前预支护

预切槽超前预支护

$$\text{注浆加固围岩和堵水} \begin{cases} \text{超前小导管注浆} \\ \text{超前深孔帷幕注浆} \end{cases}$$

上述辅助稳定措施的选用应视围岩地质条件、地下水情况、施工方法、环境要求等具体情况而定,并尽量与常规施工方法相结合,进行充分的技术经济比较,选择一种或几种同时使用。下面主要分析几种针对软弱、破碎围岩隧道施工中的常用超前支护(加固)辅助措施。

### 7.2.1 超前注浆小导管

超前小导管注浆加固围岩就是对表土下风化破碎岩石及构造裂隙发育难以支护的破碎岩面,预先向其裂隙通道内注入固化材料(通常是水泥浆、水玻璃或聚氨酯等)充填裂隙,封堵涌水,胶结岩石,改善围岩力学性能,提高岩体自身整体强度,改变围岩支护状态。主要作用是提高管体周围岩体的抗剪强度,达到加固围岩并扩散围岩压力的作用。为防止隧道开挖时掌子面前方围岩不能自稳而出现坍塌是采用超前小导管预支护的根本目的。其目的就是保证隧道开挖的安全,利用隧道风钻机在隧道开挖工作面的拱部外150°范围钻孔,外插角控制在3°~15°,环向间距35~50cm,插入直径$\phi$32的焊接管或$\phi$40mm的无缝钢管,并进行注浆固结地层,使隧道拱顶形成一伞状保护环。极破碎围岩或处理塌方时可采用双排管;地下水丰富的松软层,可采用双排以上的多排管;大断面或注浆效果差时,可采用双排管。超前小导管布置见图7-1。

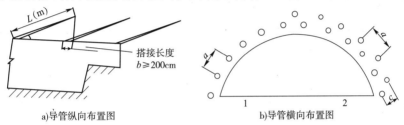

图7-1 导管纵横向布置图
1-单排布置;2-双排布置

(1)适用范围
①隧道洞口浅埋地段或软弱破碎围岩地段进洞施工。
②富水软弱破碎地质、砂砾地层、岩溶地质等不良地质地段的隧道开挖辅助措施。
③隧道塌方的处理。

(2)小导管加工工艺
超前小导管常采用直径$\phi$25~35mm钢管,壁厚一般为3.5mm。长度从3.5~6m不等,搭接长度不小于1m。注浆孔径为6~8mm(用台钻钻孔),孔距15cm,梅花形布置。前端20cm制作成蒜瓣状锥形,尾端1.5m范围内不钻孔作为止浆段。导管加工必须由现场专业车间进行,其注浆孔必须用钻床成孔,尾部必须加焊$\phi$6管箍,并经质检人员检验合格方可交付使用。小导管构造见图7-2。

(3)注浆材料种类及适用条件
①在断层破碎带及砂卵石地层(裂隙宽度或颗粒粒径大于1mm,渗透系数$k \geq 5 \times 10^{-4}$m/s)等强渗透性地层中,应采用料源广且价格便宜的注浆材料。一般对于无水的松散地层,宜优先选用单液水泥浆;对于有水的强渗透地层,则宜选用水泥—水玻璃双浆液,以控制注浆范围。
②断层带,当裂隙宽度(或粒径)小于1mm,或渗透系数$k \geq 10^{-5}$m/s时,注浆材料宜优先选用水玻璃类和木胺类浆液。

③细、粉砂层,细小裂隙岩层及断层地段等弱渗透地层中,宜选用渗透性好、低毒及遇水膨胀的化学浆液,如聚胺酯类,或超细水泥浆。

④对于不透水的黏土层,则宜采用高压劈裂注浆。

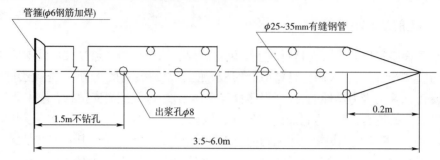

图 7-2　小导管构造图

(4)注浆材料的配比

改性水玻璃浆液为硫酸与水玻璃配制而成。首先,将 98% 的工业浓硫酸稀释成 18% ~ 20% 的稀硫酸,盛放在带标签的容器内待用。其次,将 35°Be 的水玻璃稀释成 20°Be,水玻璃模数为 2.0 ~ 2.4,盛放在带标签的容器内待用。最后,根据现场地质,经试验后按一定比例将稀硫酸与水玻璃配制成水玻璃溶液,通过双液注浆泵将水泥—水玻璃双浆液注入土层,pH = 3 ~ 4。

水泥浆水灰比为(1.25∶1) ~ (0.5∶1),根据实际情况,通过现场试验具体确定。

改性水玻璃浆液配比根据现场试验情况确定,一般情况下水泥∶水玻璃 = (1∶1) ~ (1∶0.8)(体积比)。注浆初压为 0.3MPa,终压为 0.6MPa。注浆压力不超过 0.6MPa,否则浆液损失过大,造成浪费。凝胶时间根据实际情况确定,可以通过加入少量的磷酸氢钠来控制初凝时间,初凝时间一般控制在 8 ~ 10min。

(5)注浆

①导管施工完成后开始注浆,注浆前对所有孔眼安装止浆塞,同时对管口与孔口侧进行密封处理。

②水泥浆液采用拌和机制浆,采用液压注浆机,浆液注入导管钢管内,注浆前先检查管路和机械状况,确认正常后做压浆试验,确定合理的注浆参数。

③注浆分两步完成,当第一次注浆的浆液充分收缩后,进行第二次注浆,以使导管填充密实。注浆采取注浆终压和注浆量双控措施,注浆压力以 0.5 ~ 1.0MPa 为宜,持压 3 ~ 5min 后停止注浆,注浆量一般为钻孔圆柱体的 1.5 倍。若注浆量超限,未达到压力要求,应调整浆液浓度继续注浆,直至符合注浆质量标准。确保钻孔周围岩体与钢管周围孔隙均为浆液充填,方可终止注浆。注浆过程中压力如突然升高,可能发生堵管,应停机检查。

④注浆过程应派专人负责,填写"注浆记录表",记录注浆时间、浆液消耗量及注浆压力等数据,观察压力表值,监控连通装置,避免因压力猛增而发生异常情况。

⑤注浆效果判断。对注浆加固区进行钻孔取芯,观察注浆充填情况。导管注浆后再打无孔管作为检查管,检查注浆质量。有水地层可观察无孔管孔内涌水颜色及涌水量,涌水颜色如较澄清或夹带水泥渣块,则注浆效果较好,如涌水为泥浆颜色或涌水量较大时,应补注或重注。

## 7.2.2 大管棚

管棚法是在隧道开挖前沿隧道外周用钻机打置超前长钢管,而后在钢管内外充填砂浆的工法。是抑制洞口、拱顶稳定和先行位移、地表下沉及保护周边环境的一种方法。采用的钢管直径较大,控制地表下沉的效果较好。一般采用的钢管直径为89~150mm(150mm以上的工程实例也不鲜见),施工长度约20m以上,施工范围在拱部120°左右,打设间隔为30~50cm。

此工法多用于隧道正上方有道路、铁道、建筑物等作为防止地表面塌陷的对策。需要设置反力壁等比较大的临时设备,施工速度也比较慢,要很好地考虑施工条件、隧道的工期等选定。

过去都是在城市及其周边的住宅区等建筑物、道路和铁道等交通设施、地中结构物等重要结构物的正下方,从两端用钻机插入钢管的管棚工法,但近年由于特殊钻头的开发,可以采用双重管在隧道洞内插入长钢管的管棚工法(如AGF工法等),作为隧道洞口段的控制对策被广泛采用。

管棚因采用钢管或钢插板作纵向预支撑,又采用钢拱架作环向支撑,其整体刚度较大,对围岩变形的限制能力较强,且能提前承受早期围岩压力。因此管棚主要适用于围岩压力来得快来得大、对围岩变形及地表下沉有较严格要求的软弱、破碎围岩隧道工程中。如土砂质地层、强膨胀性地层、强流变性地层、裂隙发育的岩体、断层破碎带、浅埋有显著偏压等围岩的隧道中。此外,在地下水较多时,可利用钢管注浆堵水和加固围岩。

一般来说,管棚工法的施工范围,多在洞外设置基地,而后以图7-3所示的管棚前端到终端再加上松弛范围(3~5m)的区间。

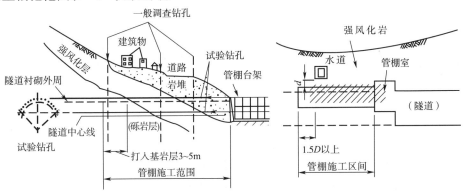

图7-3 管棚施工范围

钢管直径采用回转插入方式时多为89~150mm,非回转插入方式的多在150mm以上,目前采用的最大直径达812.8mm。为了提高钢管的刚性,可向管内注浆。受到钻孔影响的周边围岩也要进行注浆补强。

在设计中,要充分考虑地质、周边环境、隧道开挖断面、埋深以及开挖方法等,决定管棚的配置、形状、施工范围、管棚间隔及断面等。

(1)适用范围

管棚支护可适用于:软弱砂土质地层、砂卵砾石地层,膨胀性软流塑、硬可塑状粉质黏土地层、裂隙发育岩体、突泥突水段、断层破碎带、塌方段、破碎土岩堆地段、浅埋大偏压等地质和地下水丰富条件的地下构筑物施工的支护,隧道进出口段开挖的支护,也多应用于地铁等穿越城区的地下工程的开挖预支护,可作为穿越既有建筑物、公路、铁路及地下结构物下方修建隧道的辅助方法;作为隧道洞口段及修建大断面隧道施工的辅助工法及作为其他施工的辅助工法,也常用于浅埋但不宜明挖地段或浅埋隧道情况下,地表有建筑物或隧道接近地中结构物时对施工沉降有特殊要求的工程等。

(2)大管棚加工工艺

大部分工程的钢管直径在 $\phi 50 \sim 180$mm,工程中多用 $\phi 108$mm 的钢管,环向间距以不大于 3~5 倍管径为宜。管棚钢管的选择根据计算结果和技术经济因素分析,对于支护条件要求较高的松软地层,应选取 $\phi 127$mm 钢管,土体凝聚力较高的黏性土,可选取 $\phi 89$mm 钢管,一般土层在多数情况下选取 $\phi 108$mm 钢管。

(3)大管棚施工前的准备工作

①套拱施作。待洞口边仰坡加固稳定后,施作套拱,套拱开挖不得随意切坡,只有在管棚施作完毕后,才能扩挖。在管棚施工中,必须保持套拱的稳定,不偏移,不沉降,必要时增加一些临时支撑,以确保管棚施工安全和孔口管就位准确。

②钢管制作。钢管按照设计要求制作,管口加工成锥形以便送入,为确保接头质量,以长 15cm 的丝扣连接,起连接和导向的作用。为防止浆液倒流,每根钢花管尾部均焊接有止浆板,止浆板采用 2cm 厚钢板制作,中间钻有 $\phi 20$ 带螺纹的孔,以备注浆时用。

③水泥浆制作。水泥浆液搅拌在拌和机内进行,根据拌和机容量大小,严格按要求投料。搅拌投料的顺序为:在放水的同时,将外加剂(如有)一并加入搅拌,待水量加足后,继续搅拌 1min,并将水泥投入,搅拌时间不小于 3min,并在注浆过程中不停搅拌浆液;采用水玻璃浆液时,其浓度宜为 25~40°Be。为稀释水玻璃,采取边加水,边搅拌,边用波美计量测的办法进行;配制水泥浆或稀释水玻璃浆液时,严防水泥包装纸及其他杂物混入。拌好的浆液在进入储浆槽及注浆泵之前均应对浆液进行过滤,未经过滤网过滤的浆液不允许进入泵内。配制的浆液在规定时间内注完。

(4)大管棚的施作

①钻孔。利用孔口管并按设计角度为 1°~2° 的外插角把套管与钻杆同时同步冲击回转钻入岩土层内至设计深度。套管与钻具同时跟进,产生护孔作用,避免钻杆在提出孔后产生塌孔或涌水事故,并提供临时护孔,方便往孔内插管注浆。

钻孔要求精度高,终孔位置准确,各开孔的孔眼与终孔的孔眼落在同一周界面上,避免产生较大的偏差和变形。同时要确保钻孔的同轴度,以避免管棚送入时受卡。

②清孔。钻孔结束后,先把套管内孔注水洗净后,再把钻杆取出。套管仍保留在孔内提供护孔作用。

③顶进钢管棚。把按设计要求加工好的钢管顶入套管内,接头采用 15cm 长的厚壁管箍,上满丝扣;并把钢管轻轻打入岩土层内,以固定钢管不易滑出孔口。钢管插进完毕后,取出套管。套管取出时,冒落的岩土会于孔内压紧钢管。钢管口与孔口周壁用水泥密封。

当管棚安装完毕后,用小木楔把钢管与围岩壁楔紧,再用防水胶泥(锚固剂)将空隙封闭住。

(5)注浆

利用浆液的渗透作用和压密作用将周围岩体预先加固并封堵围岩的裂隙水,这样既能起到超前预支护的作用,同时也增强了管棚的强度和刚度。

①注浆的技术要求。注浆时一般由两侧低位孔向中间高位孔顺序向上进行,先注无水孔,后注有水孔。

②注浆结束的条件。

a. 单孔结束条件:注浆压力达到设计终压,浆液注入量已达到计算值的80%以上。

b. 全地段结束条件:所有注浆孔均已符合单孔结束条件,无漏注浆的情况。

注浆过程中,应时刻注意观察注浆管周围防水胶泥的变化情况,防止浆液压力增加时将其冲裂。

注浆过程中,随时检查孔口、邻孔有无串浆现象,如发生串浆,应立即停止注浆或采用间歇式注浆封堵串浆口,也可采用木楔、快硬水泥砂浆或锚固剂封堵,直至不再串浆时再继续注浆。注浆过程中压力如突然升高,可能发生堵管,应停机检查。

### 7.2.3 水平旋喷预支护

水平旋喷注浆是用专用机械进行钻孔,达到孔底后,按规定速度回转钻杆,从钻杆前端用超高压泵高压喷射水泥系固化材,切削围岩,切削下来的泥渣得到固结,钻杆边喷、边转、边后退,从而造成需要的改良体的工法。也有在改良体内设置钢管,提高改良体纵向刚度的工法。水平旋喷注浆因为能够造成连续的改良体,是有效果的,但因采用专用机械、超高压泵、水泥仓等设备,费用较高,故在矿山法中采用较少。在城市的黏性围岩中注浆困难的场合,水平旋喷注浆的效果很好,近年来,不仅作为拱顶部的超前支护,也作为脚部补强对策得到应用。

(1)分类

水平旋喷注浆的分类见表7-1。

水平旋喷注浆的分类　　　　　　　　　　　　表7-1

| 工法 | 施工长度 | 适用围岩 | 喷射压力 | 主要使用设备 |
| --- | --- | --- | --- | --- |
| 旋转喷射工法 | 10~15m | N值为10以下 | 40MPa | 专用钻机、超高压泵、水泥仓等 |
| 双重管喷射工法 | 10~40m | N值为30以下 | 40MPa | 专用钻机、超高压泵、水泥仓等 |
| 高压喷射搅拌工法 | 50~80m | N值为10以下 | 40MPa | 专用钻机、超高压泵、水泥仓等 |

①旋转喷射工法。旋转喷射工法(RJFP)的概要示意图见图7-4。RJFP工法是采用专用机械,钻孔到规定深度后,用安装在钻杆前端的特殊喷射装置,把硬化剂用超高压,一边喷射、一边回转、一边后退、拔出钻杆,用喷射的切削、混合作用造成均匀的圆柱状的改良体的工法。作业分为钻孔和造成改良体两个作业。改良体直径约在60cm。改良体长度在10~15m,在N值为10以下的地层中是有效果的。基本上不需要钢管等芯材,但也有在改良体造成后设置芯材的情况。

②双重管喷射工法。双重管喷射工法的施工系统示意图见图7-5。是用芯材钢管和外管构成的双重管,外管回转,从内管前端安装的特殊喷射装置一边喷射硬化材一边回转进行钻孔,边喷边前进,造成作业,钻孔完成后把内管拔出的工法。钻孔和造成作业是同时完成的,这是一个优点。排土是通过能够和外管间的排土机构排出的。必要时也有在造成体完成后进行二次注浆的情况。其施工长度在10~40m作业。在N值小于30的地层中是有效果的。

③高压喷射搅拌工法。高压喷射搅拌工法(MJS)的施工概要示意图见图7-6。

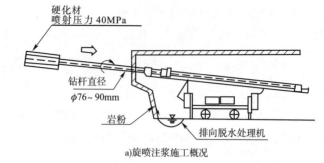

a) 旋喷注浆施工概况

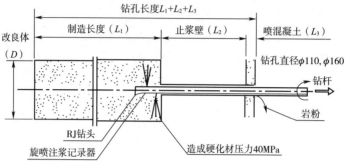

b) 制造旋喷注浆体概念

图 7-4 旋转喷射工法概要

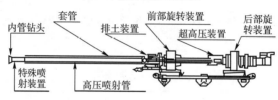

a) 双重管施工概况

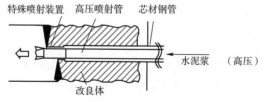

b) 双重管制造概念

图 7-5 双重管喷射工法

此工法是用一边高压喷射水泥系硬化剂,一边切削地层,因搅拌、硬化而在地中造成改良体的工法。过去的高压喷射工法,排泥是通过钻杆周围的间隙排出的,深度越深排土越困难。MJS 工法为了解决这个问题,采用了多孔管,多孔管内设置专用的排泥管,提高了排泥效率,能够使钻孔不损伤地层,施工长度也长,排泥效率高。因为钻孔时使用压缩空气,能够造成直径比较大的改良体。此外在前端还设有压力测定用的压力计,可实时测定各种数据,并反馈到施工中。施工可能的长度为 $50 \sim 80 \mathrm{m}$,在 $N$ 值小于 10 的地层中是有效的。

(2) 水平旋喷注浆操作流程

水平旋喷注浆操作流程见图 7-7。

第7章 泥石流堆积体隧道加固区范围及方法

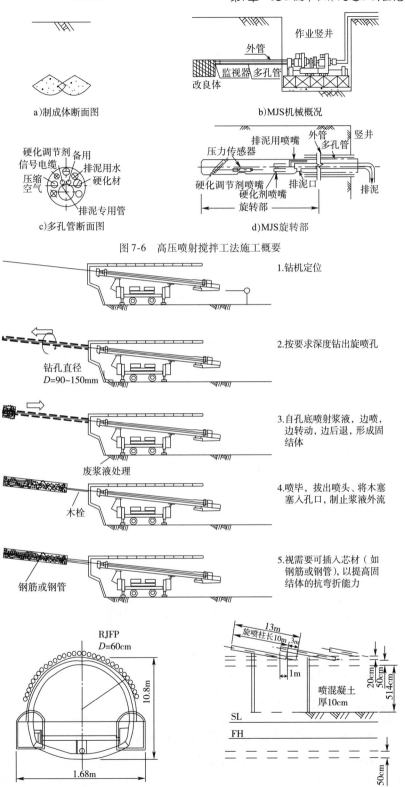

图 7-6 高压喷射搅拌工法施工概要

图 7-7 水平旋喷注浆操作流程

(3)施工中注意事项

在水平旋喷注浆的适用地质条件中,混入大砾石和巨砾石的场合,从物理上看,砾石背面的改良是不可能的,要充分注意砾石的混入率。此外,改良体造成后,强度发展是需要时间的,施工时要注意此时间内围岩的变形。

施工时,根据围岩条件,搞清楚喷射和造成直径的关系,但这些数据是一般情况的数据,只能参考,要在现场进行事前试验确认其关系。一般来说,砂质地层比黏性地层在造成直径改良体时的施工效率要高一些。

目前,由于技术的发展,水平旋喷注浆也有向更长的方向发展,如采用从专用机械的钻头前段进行喷射、搅拌,在掌子面前方的隧道外周形成一个连续的 10~15m 长、具有单轴抗压强度 5~12MPa 的柱状的改良体,来抑制地表下沉。

根据地质条件,造成的直径从 30cm~1.5m,考虑洞内的施工性,一般取 60cm。根据围岩条件的不同,形成的直径是不同的,因为也有不能形成圆形的改良体的情况,施工时事前要进行试验施工,决定改良体的规格。

为了在隧道纵向和横向都能形成一个强度均匀的拱形构造,改良体基本上要连接在一起,打设间隔要在改良体直径以下。打设角度,从施工性看多取 5°左右,打设范围以拱顶中心取 120°~180°。与超前支护比较,因为具有隧道横向拱的效果,有向更大范围打设的趋势。

适应地质条件,因高压喷射能够切割的范围是有限的,因此以土砂围岩为主体。此工法因是向未开挖的围岩喷射流体搅拌,形成固体前围岩会有暂时的不稳定。因此,掘进速度和施工步骤要结合围岩条件,注意不要出现先行位移等。

在未固结围岩,特别是城市条件下的浅埋隧道,必须克服防止隧道变形和地表下沉以及确保大断面的掌子面稳定两大难题。而水平高压旋喷注浆工法,是在一般的初期导管注浆的基础上发展起来的,能较大规模地以高压旋喷的方式压注水泥浆的超前支护工法。此方法是在水平钻孔内高压旋喷的技术,在隧道开挖外轮廓形成拱形预衬砌,以防护掌子面。

水平旋喷注浆法具有以下特征:

①在隧道开挖以前,于掌子面前方构筑拱形刚性体,来减轻传到掌子面和支护上的荷载,控制开挖前引起的变形;

②因采用高压旋喷,形成改良的、高强度的改良体;

③因采用专门机械施工,施工速度快。

因从洞内施工,钻孔应以较小角度沿外轮廓施设,纵向的施工间隔,因采用高压旋喷,最好按机械的性能采用,如采用日本的 SR-510 或 SR-11 时,其长度分别为 18m 和 11m,这样改良体的范围在 8~14m。改良体的搭接长度不宜小于 1.0m。横向间隔,以互相间能形成拱体结构为原则,通常视围岩状况,采用 40~60cm 为宜。

### 7.2.4 超前深孔帷幕注浆

通常超前注浆小导管对围岩加固的范围和止水的效果是有限的,作为软弱破碎围岩隧道施工的一项主要辅助措施,它占用时间和循环次数较多。因此,在不便采取其他施工方法(如盾构法)时,深孔预注浆止水并加固围岩就较好地解决了这些问题。注浆后即可形成较大范围的筒状封闭加固区,称为帷幕注浆。

(1) 注浆机理及适用条件

注浆机理可以分成如下四种：

①渗透注浆。即是对于破碎岩层、砂卵石石层、中细、粉砂层等有一定渗透性的地层，采用中低压力将浆液压注到地层中的空穴、裂缝、孔隙里，凝固后将岩土或土颗粒胶结为整体，以提高地层的稳定性和强度。

②劈裂注浆。即对于颗粒更细的黏土质不透水(浆)地层，采用高压浆液强行挤压孔周，在注浆压力的作用下，浆液作用的周围土体被劈裂并形成裂缝，通过土体中形成的浆液脉状固结作用对黏土层起到挤压加固和增加高强夹层加固作用，以提高其强度和稳定性。

③压密注浆。即用浓稠的浆液注入土层中，使土体形成浆泡，向周围土层加压使其得到加固。

④高压喷灌注浆。即通过灌浆管在高压作用下，从管底部的特殊喷嘴中喷射出高速浆液射流，促使土粒在冲击力、离心力及重力作用被切割破碎，随注浆管的向上抽出与浆液混合形成柱状固结体，以达到加固的目的。

深孔预注浆一般可超前开挖面30～50m，可以形成有相当厚度和较长区段的筒状加固区，从而使得堵水的效果更好，也使得注浆作业的次数减少，它更适用于有压地下水及地下水丰富的地层中，也更适用于采用大中型机械化施工，见图7-8。

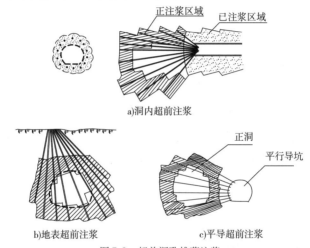

图7-8 超前深孔帷幕注浆

如果隧道埋深较浅，则注浆作业可在地面进行；对于深埋长大隧道可利用辅助平行导坑对正洞进行预注浆，这样可以避免与正洞施工的干扰，缩短施工工期(图7-8)。

(2) 注浆范围

图7-8中已示意出对围岩进行注浆加固的大致范围，即形成筒状加固区。要确定加固区的大小，即确定围岩塑性破坏区的大小，可以按岩体力学和弹塑性理论计算出开挖坑道后围岩的压力重分布结果，并确定其塑性破坏区的大小，这也就是应加固区的大小。

(3) 注浆数量及注浆材料选择

注浆数量应根据加固区需充填的地层孔隙数量确定。

工程中常用充填率来估算和控制注浆总量。充填率是指注浆体积占孔隙总体积的比率。于是注浆总量可按下式计算：

$$Q = naA$$

式中：$Q$——注浆总数量，$m^3$；

$A$——被加固围岩的体积，$m^3$；

$n$——被加固围岩的孔隙率，%，见表7-2；

$a$——过去实践证实了的充填率，%，见表7-2。

孔隙率和注浆充填率表　　　　　表7-2

| 土　质 | 粗砂 | 黏土 | 粉砂 | 砂 | | 砂 | | 砂砾 | | |
|---|---|---|---|---|---|---|---|---|---|---|
| 注浆目的 | 堵水加固 | 堵水加固 | 堵水加固 | 堵水 | | 加固 | | 堵水 | | |
| 孔隙率$n$（%）范围值 | 65~75 | 50~70 | 40~60 | 46~50 | 40~48 | 30~40 | 46~50 | 40~48 | 40~60 | 28~40 | 22~40 |
| 标准值 | 70 | 60 | 50 | 48 | 44 | 35 | 48 | 44 | 50 | 34 | 31 |
| 充填率$a$(%) | 约30 | 约30 | 约20 | 约60 | 约50 | 约50 | 约50 | 约40 | 约60 | 约60 | 约60 |

（4）钻孔布置

钻孔布置可参见图7-8。另外，对于浅埋隧道，还可以采用平行布置方式，即注浆钻孔均呈竖直方向并互相平行分布，但每钻一孔即需移动钻机。

钻孔间距要视地层条件、注浆压力及钻孔能力等确定。一般渗透性强的地层，可以采用较低的注浆压力和较大的钻孔间距，钻孔量也少，但平均单孔注浆量大。

（5）帷幕注浆的施工过程

①钻孔。注浆工程的第一步就是钻孔，既可采用旋转式钻机，也可使用冲击式钻机，主要应根据成孔效果和地层条件进行合理选择。钻孔位置要符合工程设计要求，将偏差控制在5cm的范围内，钻孔底部的偏差不得超过孔深的1%。开孔时要保持低速，当孔深不少于30cm后，即可转入正常转速，工作人员要注意将钻机尽可能贴近岩面，从而降低钻杆的震动，提高精度。在更换钻杆时，要对其是否出现损伤和弯曲及水孔是否通畅等进行检查。

②注浆。埋管钻孔的直径应大于孔口管的外径，施钻过程要严格按照设计要求的方向和位置进行。孔深以埋管长度+0.5m为宜，管的外露长度应在60~70cm。当包括注浆管在内的全部孔口管安装完毕后，将孔口阀关闭，埋管工作全部结束。

如果岩层的破碎情况较为严重，应采用分段前进的方式进行注浆，以免造成塌孔；如果岩层较为稳定，则应采用分段后退的方式进行注浆。为了保证孔口位置的准确，每钻进一段距离后，都要对其进行检查，如果出现偏差则应及时纠正。注浆和钻孔的顺序均为由外向内，第1、2环全部进行钻孔、注浆，而第3~6环则应先钻掌子面左半幅的奇数孔，同一环的注浆要间隔进行。如果奇数孔注浆效果不理想，再钻偶数号孔并进行补浆。掌子面的右半幅孔在钻进过程中，如果岩层呈完好状态，则不需注浆；如果岩层呈破碎状态，则采用与左半幅相同的注浆方法。如果在钻孔过程中发生较为严重的涌水，就要立即停止钻孔并进行注浆。一般来说，单个孔的注浆应保持连续性，如果因不可抗因素不得不中途停止，则应将孔重新钻至设计深度后再进行复注。

③过程控制。

a. 要密切监视泵压及浆液流量的变化，如果这两项数值突然出现较大幅度的变化，则应立即查明原因，及时处理。

b. 如果发现较大的空洞，则应先注入混凝土，然后再进行注浆。

c. 如果发现局部单循环孔的压力无法上升，则应停止注浆，并对双循环孔进行注浆，然后再对其进行复注。

d. 要严格按照试验结果进行浆液的配置,待水泥砂浆配置结束后,需用孔径为 1mm 的过滤筛过滤一遍,除去其中的杂质。注浆管使用前要对其通畅度进行检查,并按照先大后小、先稀后稠、先单后双的程序进行注浆。当浆液压力达到设计值时,持压 2~3min,当进浆量达到设计数量后即可停止注浆。

④判定结束条件。

a. 单孔注浆的结束条件为:注浆压力达到设计值,浆液的注入量达到设计要求的 80% 以上。

b. 全段注浆的结束条件为:全部注浆孔均符合单孔注浆的结束条件,保证没有漏注现象。

注浆结束后,要对各孔的注浆效果进行复查,如果发现有未达到要求的现象,应立即补孔注浆。

### 7.2.5 常用围岩加固(支护)技术评价

综合以上分析可得,几种超前支护的特征及适用性比较见表 7-3。

超前支护特征及适用性比较表　　　　　表 7-3

| 工法名称 | 超前小导管注浆 | 水平旋喷预支护 | 超前深孔帷幕注浆 | 大管棚 |
|---|---|---|---|---|
| 示意图 | | | | |
| 工法概况 | 用钻孔台车沿掌子面外周打入中空锚杆,并注浆,打设间隔为 35~50cm | 用专用机械钻孔后,从前端喷射搅拌地层。间隔、改良直径约 60cm | 用地质钻机钻孔,采用抽袖阀管垂直后退注浆,形成筒状加固区 | 用机械沿隧道断面外周配置比较大的直径的钢管 |
| 特征 | 形成的注浆带能够改良围岩 | 高压喷射能够确实地改良掌子面周边围岩,同时,因超前长度长,能够控制掌子面超前变形 | 采用高压浆液强行挤压孔周,通过土体中形成的浆液脉状固结作用对土层起到挤压加固和增加高强夹层加固作用 | 能够根据环境条件选择各种管径的钢管。钢管的刚性高,抑制变形的效果也大 |
| 适用地质 | 黏性土、砂质土、砂砾、裂隙岩体、卵石 | 黏性土、砂质土 | 淤泥质、粉黏质、沙层、风化层以及富水断层 | 黏性土、砂质土、砂砾、卵石 |
| 施工性 | 需要注浆设备 | 需要高压喷射设备 | 需要高压注浆设备 | 需要专用设备 |
| 一次打设长度 | 小于 6m | 10~15m | 30~50m | 20~100m |

从目前隧道支护技术的发展趋势看,超前支护是一个重要的领域。日本在新的"城市矿山法隧道设计标准"中已经规定短、中、长三种超前支护的基本参数,这对进一步发展超前支护技术具有重要意义,因此我们在控制技术研究中,加强超前加固方案的力学特性的研究是十分必要的。

## 7.3 基底以上地层加固范围及隧道施工力学特性分析

兰渝铁路仓园隧道穿越泥石流沟松散堆积物地层,最小埋深仅为14m,极易造成塌方冒顶,隧道施工需对泥石流体进行加固。对泥石流体进行加固可采用地表注浆加固、洞内注浆加固,加固区可选择隧道周边地层及掌子面全部范围、隧道周边局部范围和隧道掌子面局部范围,下面重点研究不同加固区范围隧道稳定性差异。

### 7.3.1 基底以上地层的计算模型及材料参数

为减少边界约束效应,计算范围按左右边界距隧道中心线距离5倍洞径考虑,底部边界距隧道底部的距离按4倍隧道高度考虑。指定沿隧道轴线里程增大方向为$Y$轴正向,竖直向上为$Z$轴正向,隧道掘进横断面向右方向为$X$轴正向,模型左、右、前、后和下部边界均施加法向约束,地表为自由边界。另外,隧道最大埋深是80m,最小埋深仅为14m,模型采用位移边界条件,对于围岩以及初期支护均按照八节点六面体单元来模拟,开挖工法是三台阶七步法,各台阶高约3.5m,各台阶纵向错开4.2m,落底滞后7.8m,模型纵向长48m,宽取84m。共划分了86340个单元和75640个节点。三维计算模型见图7-9。

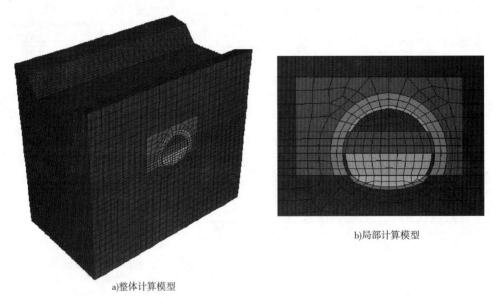

a)整体计算模型　　b)局部计算模型

图7-9　三台阶七步法开挖计算模型

围岩视为摩尔—库仑理想弹塑性材料,支护结构均视为弹性材料。钢架采用I25a全环设置,间距为0.6m,初期支护为27cm厚的C25喷射混凝土,钢架在计算模拟时根据抗弯刚度等效原理来提高初期支护的弹性模量。围岩及支护的物理力学参数根据地质资料、室内试验及现行《铁路隧道设计规范》(TB 10003—2005)确定,最浅埋深V级软岩段围岩及支护结构物理力学指标见表7-4。

基底及以上地层的围岩及支护结构力学参数    表 7-4

| 参数<br>材料类型 | 密度<br>（kg/cm³） | 弹性模量<br>（MPa） | 泊松比 | 黏聚力<br>（kPa） | 内摩擦角<br>（°） | 剪胀角<br>（°） |
|---|---|---|---|---|---|---|
| 细角砾土地层 | 1830 | 100 | 0.4 | 5 | 30 | 5 |
| 注浆加固地层 | 2000 | 500 | 0.32 | 50 | 35 | 5 |
| 超前支护 | 2100 | 600 | 0.3 | 60 | 38 | 5 |
| 初支考虑工字钢 | 2360 | 28334 | 0.2 | | | |

### 7.3.2 计算工况

加固范围考虑的三种计算工况加固示意图见图 7-10，各工况具体加固范围如下：

工况一：采用从地表对隧道边墙开挖外左 7m、右 5m 及高度为隧道拱部以上 6m 范围内进行帷幕注浆；隧道开挖周边一定范围采用大管棚超前支护；掌子面洞内注浆加固（即加固范围：①+②+③）。

工况二：隧道开挖周边一定范围采用大管棚超前支护；掌子面洞内注浆加固（即加固范围：②+③）。

工况三：采用从地表对隧道边墙开挖外左 8m、右 5m 及高度为隧道拱部以上 6m 范围内进行帷幕注浆；隧道开挖周边一定范围采用大管棚超前支护（即加固范围：①+②）。

### 7.3.3 基底以上地层的施工步骤

计算过程中，计算每开挖步开挖进尺 0.6m，初期支护滞后 1 个开挖循环，即初期支护距开挖掌子面 1.2m。上台阶高 3.5m，长 4.2m，距开挖掌子面 4.2m；中台阶高 3.5m，长 4.2m，距上台阶开挖掌子面 8.4m；下台阶高 3.5m，长 4.2m，距上台阶开挖掌子面 12.6m；仰拱落后掌子面 7.8m。具体施工分部及施工顺序见图 7-11，实体模型施工顺序透视图见图 7-12。

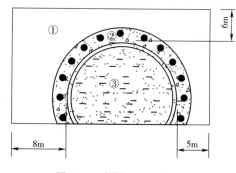

图 7-10　隧道加固范围示意图

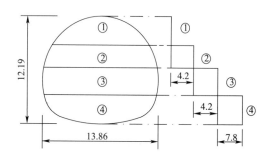

图 7-11　施工分部示意图（尺寸单位：m）

### 7.3.4 基底以上地层的监测点布置

为最大限度减少边界约束对计算结果的影响，数值模拟分析的目标面设在模型的中间位置，即 $y=24$m 处。在监测面顶部设置拱顶沉降监测点 1，在底部设置底部隆起监测点 6，另外，在模型的拱脚和边墙处布置两条净空收敛测线。具体测点布置见图 7-13。

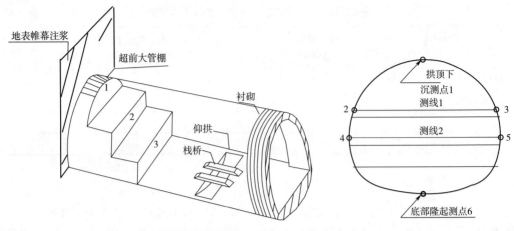

图 7-12 开挖顺序示意图　　　　　　图 7-13 三台阶七步法监测点布置

### 7.3.5 基底以上地层的数值模拟结果及分析

(1) 周边位移分析

各工况周边位移变化与开挖步关系曲线见图 7-14～图 7-17,各工况下洞周位移最大值见表 7-5。

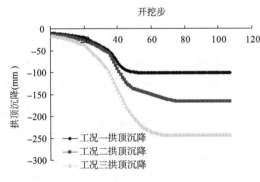

图 7-14 拱顶沉降与开挖步关系曲线

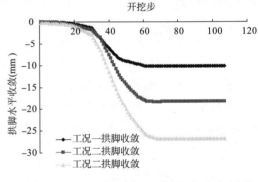

图 7-15 测线一(拱脚处)水平收敛与开挖步关系曲线

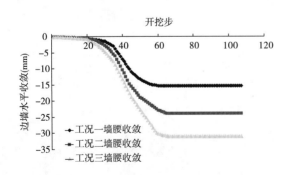

图 7-16 测线二(边墙处)水平收敛与开挖步关系曲线

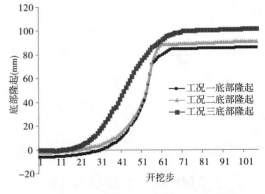

图 7-17 三种工况下底部隆起与开挖步关系曲线

由图 7-14～图 7-17 及表 7-5 可知,采用三台阶七步法开挖时,各工况周边位移变化规律相似,拱顶沉降及底部隆起值较大,水平收敛值较小;当上台阶开挖到模型中间监测面位置(开挖步为40时)前后约10m时,隧道周边各点变形速率较大,隧道周边各种位移变化量较大,这是由于失去了开挖面的控制作用使得临空面由原来的三维受力变成二维受力状态,变形加快。

不同工况下洞周位移最大值(单位:mm)　　　　表7-5

| 洞周位移 | 工况一<br>(地表地层及掌子面全部范围注浆) | 工况二<br>(隧道掌子面局部范围注浆) | 工况三<br>(地表隧道周边局部范围注浆) |
|---|---|---|---|
| 拱顶沉降 | 101.0 | 166.0 | 243.0 |
| 拱脚水平收敛 | 9.7 | 18.3 | 26.4 |
| 边墙水平收敛 | 14.5 | 24.6 | 32.5 |
| 底部隆起 | 86.5 | 91.0 | 102.0 |

各工况加固效果差别较大,地表地层及掌子面全部范围注浆时工况拱顶下沉值为101.0mm,隧道掌子面局部范围注浆加固工况拱顶下沉值为166.0mm,地表隧道周边局部范围注浆加固工况拱顶下沉值为243.0mm。说明地表地层及掌子面全部范围注浆加固效果最佳,能控制泥石流堆积区隧道施工大变形;隧道掌子面局部范围注浆加固相对来说比地表隧道周边局部范围注浆加固效果好,这说明针对泥石流堆积地层来说,加固好掌子面及周围一定范围地层,特别是加固好掌子面地层,对隧道周边位移控制效果明显。

(2)初期支护结构应力状态分析

地表地层及掌子面全部范围注浆加固(工况一)、隧道掌子面局部范围注浆加固(工况二)以及地表隧道周边局部范围注浆加固(工况三)三种加固方案初期支护最终主应力状态见图7-18~图7-23。

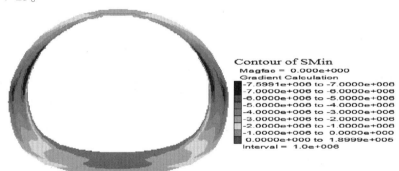

图7-18　地表地层及掌子面全部范围注浆加固初期支护最小主应力(Pa)

图7-19　地表地层及掌子面全部范围注浆加固初期支护最大主应力(Pa)

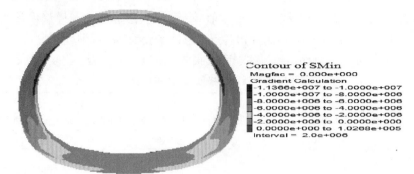

图 7-20　隧道掌子面局部范围注浆加固初期支护最小主应力(Pa)

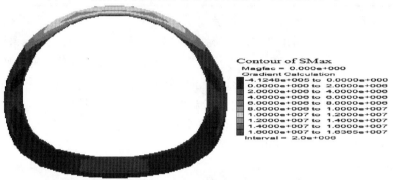

图 7-21　隧道掌子面局部范围注浆加固初期支护最大主应力(Pa)

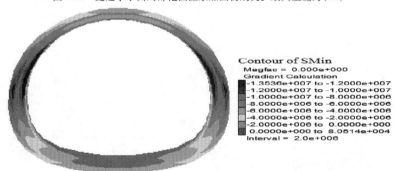

图 7-22　地表隧道周边局部范围注浆加固初期支护最小主应力(Pa)

图 7-23　地表隧道周边局部范围注浆加固初期支护最大主应力(Pa)

地表地层及掌子面全部范围注浆加固(工况一)、隧道掌子面局部范围注浆加固(工况二)以及地表隧道周边局部范围注浆加固(工况三)三种加固方案初期支护最大主应力汇总见表7-6。

**初期支护结构最大主应力**(单位:MPa)　　　　表7-6

| 计算工况 | 最大主压应力值 | 最大主拉应力值 |
| --- | --- | --- |
| 工况一(地表地层及掌子面全部范围注浆加固) | 7.60 | 7.51 |
| 工况二(隧道掌子面局部范围注浆加固) | 11.36 | 16.37 |
| 工况三(地表隧道周边局部范围注浆加固) | 13.54 | 16.63 |

由图7-18~图7-23及表7-6可得,三种加固方案工况最大主应力分布规律相似,最大主压应力都出现在拱脚附近(即上台阶与中台阶交界附近),最大主拉应力都出现在拱顶位置,其中地表地层及掌子面全部范围注浆加固方案的初期支护受力明显好于其他两种注浆加固方案,地表地层及掌子面全部范围注浆加固方案的初期支护最大主压应力及最大主拉应力值分别为7.60MPa和7.51MPa;而另外两种加固方案的初期支护结构受力相差不大,且最大主拉应力值都特别大,超过16MPa,所以初期支护结构受力状态很差。

(3)塑性区状况

地表地层及掌子面全部范围注浆加固(工况一)、隧道掌子面局部范围注浆加固(工况二)以及地表隧道周边局部范围注浆加固(工况三)三种加固方案开挖中和开挖后塑性区分布分别见图7-24~图7-26。

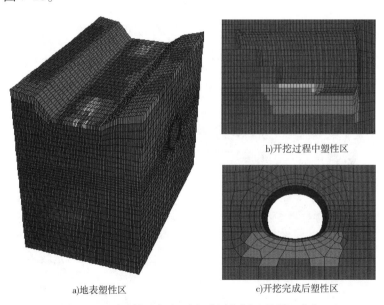

a)地表塑性区　　b)开挖过程中塑性区　　c)开挖完成后塑性区

图7-24　地表地层及掌子面全部范围注浆加固塑性区分布

由图7-24~图7-26可得,由于隧道埋深浅,最小埋深才14m,且隧道穿越的泥石流堆积层围岩较差,三种注浆加固方案下地表都会产生明显塑性区,并且还可以看出,洞内加洞外帷幕注浆工法下的地表塑性区范围最小。地表地层及掌子面全部范围注浆加固及隧道掌子面局部范围注浆加固后,掌子面及周边围岩性质得到明显改善,只有底部未加固区域出现一定范围的塑性区;而地表隧道周边局部范围注浆加固方案各台阶前方均出现了8.4~16.8m范围的塑性区,周边塑性区范围也加大了;总体来说,地表地层及掌子面全部范围注浆加固方案掌子面前方及周围塑性区比隧道掌子面局部范围注浆加固以及地表隧道周边局部范围注浆加固两种方案相应要小一些。

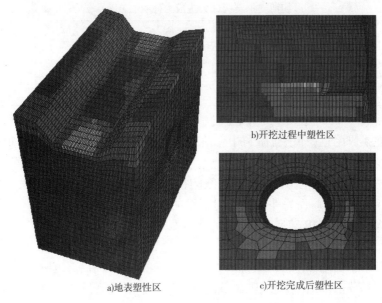

图 7-25　隧道掌子面局部范围注浆加固塑性区分布

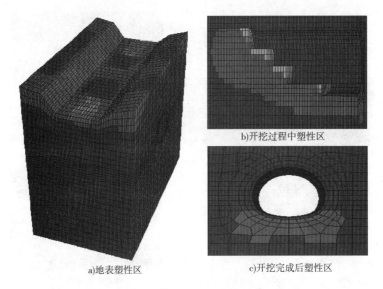

图 7-26　地表隧道周边局部范围注浆加固塑性区分布

## 7.4　基底地层加固范围及隧道施工过程力学特性分析

### 7.4.1　基底地层的计算模型及材料参数

为减少边界约束效应,计算范围按左右边界距隧道中心线距离 5 倍洞径考虑,底部边界距隧道底部的距离按 4 倍隧道高度考虑。指定沿隧道轴线里程增大方向为 $Y$ 轴正向,竖直向上为 $Z$ 轴正向,隧道掘进横断面向右方向为 $X$ 轴正向,模型左、右、前、后和下部边界均施加法向约束,地表为自由边界。另外,隧道最大埋深是 80m,最小埋深仅为 14m,模型采用位移边界条件,对于围岩以及初期支护均按照八节点六面体单元来模拟,开挖工法是三台阶七步法,各台阶高约 3.5m,各台阶纵向错开 4.2m,落底滞后 7.8m,模型纵向长 48m、宽取 84m。共划分了 86340 个单元和 75640 个节点。隧道基底加固三维计算模型见图 7-27。

a)整体计算模型　　　　　　　　b)局部计算模型

图 7-27　基底加固三维计算模型

围岩视为摩尔—库仑理想弹塑性材料,支护结构均视为弹性材料。钢架采用 I25a 全环设置,间距为 0.6m,初期支护为 27cm 厚的 C25 喷射混凝土,钢架在计算模拟时根据抗弯刚度等效原理来提高初期支护的弹性模量。围岩及支护的物理力学参数根据地质资料、室内试验及现行《铁路隧道设计规范》(TB 10003—2005) 确定,最浅埋深 V 级软岩段围岩、加固区及支护结构物理力学指标同表 7-4,基底围岩加固计算参数见表 7-7。

围岩及支护结构力学参数　　　　　　　　　　　表 7-7

| 参数<br>材料类型 | 密度<br>(kg/cm³) | 弹性模量<br>(MPa) | 泊松比 | 黏聚力<br>(kPa) | 内摩擦角<br>(°) | 剪胀角<br>(°) |
|---|---|---|---|---|---|---|
| 基底围岩加固 | 2250 | 2500 | 0.26 | 150 | 48 | 5 |

### 7.4.2　基底地层的施工步骤

隧道施工方法采用三台阶七步法,计算过程中,计算每开挖步循环进尺 0.6m,初期支护滞后 1 个开挖循环。上台阶高 3.5m、中台阶高 3.5m、下台阶高 3.5m,上台阶核心土高 2m、中台阶核心土高 3.5m、下台阶核心土高 3.5m。基底围岩加固施作是:仰拱每施作 3m 紧接着施作 3m 基底加固。

### 7.4.3　基底地层的监测点设置

为最大限度减少边界约束对计算结果的影响,数值模拟分析的目标面设在模型的中间位置,即 $y=24m$ 处。在监测面顶部设置拱顶沉降监测点 1,在底部设置底部隆起监测点 6,另外,在模型的拱脚和边墙处布置两条净空收敛测线。具体测点布置同图 7-13。

### 7.4.4 基底地层的数值模拟结果及分析

(1)周边位移分析

为最大限度减少边界约束对计算结果的影响,选取中间断面($y=24\mathrm{m}$)作为计算数据提取断面,各工况周边位移变化与开挖步关系曲线见图7-28~图7-31,隧道基底有、无树根桩加固工况下洞周位移最大值见表7-8。

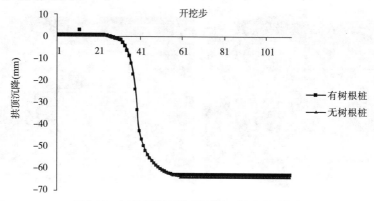

图7-28 有无树根桩下拱顶沉降与开挖步关系曲线

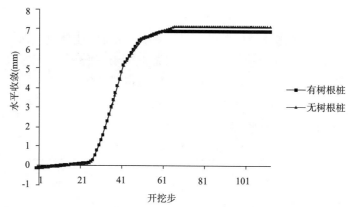

图7-29 有无树根桩下拱脚处水平收敛(上台阶测线一)与开挖步关系曲线

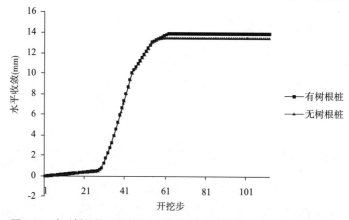

图7-30 有无树根桩下边墙处水平收敛(中台阶测线二)与开挖步关系曲线

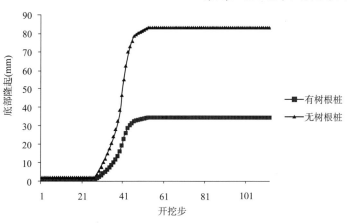

图 7-31　有无树根桩下底部隆起与开挖步关系曲线

基底有无加固工况下洞周位移最大值（单位：mm）　　　表 7-8

| 工况 | 拱顶沉降 | 拱脚处水平收敛 | 边墙处水平收敛 | 底部隆起 |
|---|---|---|---|---|
| 基底有加固 | 62.5 | 6.9 | 13.8 | 34.0 |
| 基底无加固 | 63.0 | 7.1 | 13.4 | 83.0 |

由图 7-28～图 7-31 及表 7-8 可知，有、无树根桩情况下隧道底部隆起值分别为 34.0mm 和 83.0mm，有、无树根桩对隧道其他周边位移影响较小，树根桩的施作对于控制底部隆起效果非常明显。

（2）初期支护结构应力状态分析

基底有、无加固施工工况的初期支护最终主应力状态见图 7-32～图 7-35。

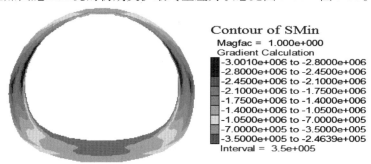

图 7-32　基底有加固方案最小主应力（Pa）

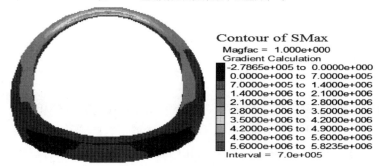

图 7-33　基底有加固方案最大主应力（Pa）

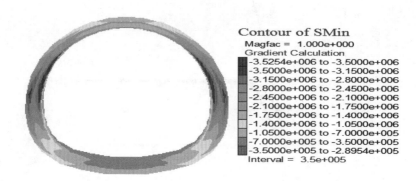

图 7-34　基底无加固方案最小主应力(Pa)

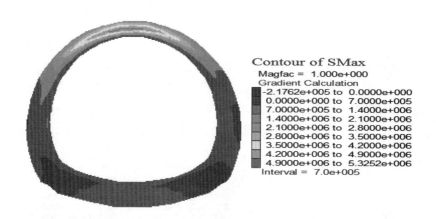

图 7-35　基底无加固方案最大主应力(Pa)

由图 7-32~图 7-35 可得,基底有、无加固施工方案初期支护最大主应力分布规律相似,最大主压应力都出现在拱脚附近(即上台阶与中台阶交界附近),有、无加固方案初期支护最大压应力值分别为 3.00MPa 和 3.52MPa,最大拉应力都出现在拱顶位置,有、无加固施工方案最大拉应力值分别为 5.82MPa 和 5.32MPa,即基底有加固初期支护最大压应力有所减小,而拱部最大拉应力反而增大,但隧道基底有、无加固对初期支护的受力整体影响较小。

(3)围岩塑性区分析

隧道基底有、无加固两种施工方案开挖后塑性区分布分别见图 7-36 和图 7-37。

从图 7-36 和图 7-37 可以看出,穿越泥石流堆积体隧道在隧道周围采用各种加固措施后(包括隧道基底采用有树根桩处理),包括仰拱在内隧道开挖周边都没有出现塑性区,这对提高隧道基底承载力非常有利。

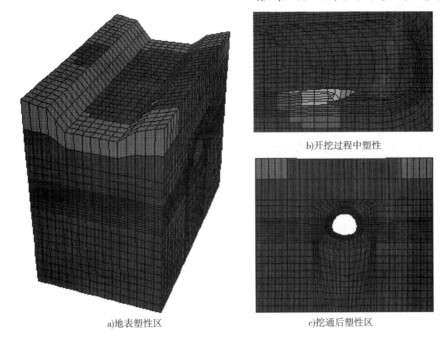

图 7-36 基底有加固方案塑性区分布

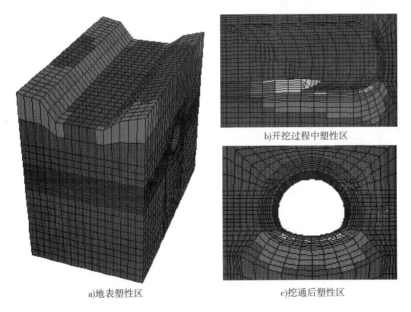

图 7-37 基底无加固方案塑性区分布

## 7.5 小结

①采用地表地层及掌子面全部范围注浆加固对控制泥石流堆积区隧道施工大变形效果最佳,另外,比较隧道掌子面局部范围注浆加固与地表隧道周边局部范围注浆加固效果可以发现,针对泥石流堆积地层来说,加固好掌子面及周围一定范围地层,特别是加固好掌子面地层,

对隧道周边位移控制效果也非常明显。

②采用三台阶七步法施工,最大主压应力都出现在拱脚附近(即上台阶与中台阶交界附近),最大主拉应力都出现在拱顶位置,所以,在实际施工中,应注意保证上台阶与中台阶交界处初期支护施工连接质量,且地表地层及掌子面全部范围注浆加固方案的初期支护受力效果明显好于只采用洞内帷幕注浆与地表帷幕注浆两种注浆加固方案。

③隧道穿越的泥石流堆积层围岩较差且隧道埋深浅,地表地层及掌子面全部范围注浆加固方案掌子面前方及周围塑性区比隧道掌子面局部范围注浆加固以及地表隧道周边局部范围注浆加固两种方案相应要小一些,但隧道施工过程中,地表都会产生明显塑性区,所以,在实际施工中,要注意地表一些处理,防止地表水下渗。

④隧道基底加固对于控制底部隆起效果非常明显。

⑤基底加固后初期支护最大主压应力有所减小,而拱部最大主拉应力反而增大,但隧道基底有、无加固对初期支护的受力整体影响较小。

⑥穿越泥石流堆积体隧道在隧道周围采用各种加固措施后(包括隧道基底采用有树根桩处理),包括仰拱在内隧道开挖周边都没有出现塑性区,这对提高隧道基底承载力非常有利。

综合以上分析,采用地表地层及掌子面全部范围注浆加固对控制泥石流堆积区隧道施工周边围岩大变形及掌子面位移效果较好,对改善初期支护的受力也非常明显;施作大拱脚对上台阶周边位移控制作用明显,也能明显改善初期支护拱脚附近(即上台阶与中台阶交界附近)受力状态;另外,隧道基底采用树根桩加固可提高隧道基底承载力,控制底部隆起效果非常明显。所以,现场施工中可采取这些辅助加固措施。

# 第8章 泥石流堆积体隧道施工方法研究

## 8.1 常用隧道施工方法及评价

### 8.1.1 中隔壁法

相对台阶法,中隔壁法(CD法)多了一道中隔墙,断面被划分成两半,按先后导坑顺序开挖,对开挖面的控制较台阶法断面有利。中隔壁法施工工序示意图见图8-1。

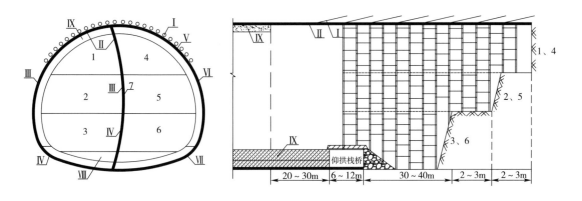

图8-1 中隔壁法(CD法)施工工序示意图

1-左侧上部开挖;2-左侧中部开挖;3-左侧下部开挖;4-右侧上部开挖;5-右侧中部开挖;6-右侧下部开挖;7-拆除中隔墙;Ⅰ-超前支护;Ⅱ-左侧上部初期支护;Ⅲ-左侧中部初期支护;Ⅳ-左侧下部初期支护;Ⅴ-右侧上部初期支护;Ⅵ-右侧中部初期支护;Ⅶ-右侧下部初期支护;Ⅷ-仰拱及填充混凝土;Ⅸ-拱墙二次衬砌

与交叉中隔壁法(CRD法)相比,CD法没有横撑,它只有在先行导坑仰拱封闭后才能形成较强的整体支护刚度。在此之前,CD中壁的稳定性容易受开挖影响,尤其是在承载力较弱的围岩中。因此,CD法控制净空位移的能力较双侧壁和CRD弱,尤其是在净空高度比较大的高铁160m²超大断面软弱围岩隧道场合,一侧导坑仰拱未封闭就开挖另一侧导坑很容易造成中壁失稳。

CD法临时支撑较双侧壁和CRD省,而且由于没有横撑,施工空间较CRD更为宽裕,尤其是在施工空间高度上对挖掘机的使用不再受限。但在软弱围岩中施工,CD法先行导坑仰拱必须及时封闭。施工速度相对CRD提高并不明显,据试验段推算,平均月进尺可在40m左右,因此,在先行导坑仰拱及时封闭情况下,CD法可适用于偏压地层以及埋深大于1.5倍隧道开挖宽度的软弱围岩地层。

### 8.1.2 交叉中隔壁法

交叉中隔壁法(CRD法),在先行导坑横撑架设后同样可提供较强的整体支护刚度,相对台阶法可有效控制浅埋软弱围岩中的拱部整体下沉。交叉中隔壁法施工工序示意图见图8-2。

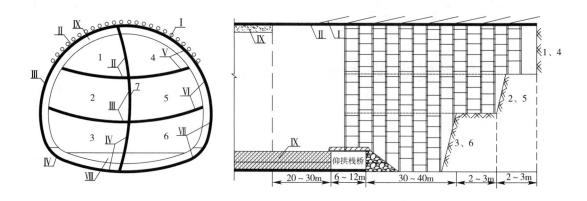

图8-2 交叉中隔壁法(CRD法)施工工序示意图

1-左侧上部开挖;2-左侧中部开挖;3-左侧下部开挖;4-右侧上部开挖;5-右侧中部开挖;6-右侧下部开挖;7-拆除中隔墙及临时抑拱

Ⅰ-超前支护;Ⅱ-左侧上部初期支护成环;Ⅲ-左侧中部初期支护成环;Ⅳ-左侧下部初期支护成环;Ⅴ-右侧上部初期支护成环;Ⅵ-右侧中部初期支护成环;Ⅶ-右侧下部初期支护成环;Ⅷ-仰拱及填充混凝土;Ⅸ-拱墙二次衬砌

CRD法由于一侧导坑先封闭,因此处理偏压地层变形的能力同样比较强。其控制围岩变形的效果不如双侧壁,但临时支撑比双侧壁省,施工速度相对比较快(一般铁路双线隧道平均为40m,郑西高铁大断面黄土隧道平均月进尺可达到35m),成本相对较低。CRD法施工空间较双侧壁大,但受横撑分割,施工空间的高度仍比较受限,采用挖掘机开挖时同样存在上横撑架设容易滞后的问题。因此,在确保横撑及时架设情况下,CRD法可适用于对地表沉降有控制要求的地层、埋深小于或等于1.5倍隧道开挖宽度的软弱围岩地层以及偏压较显著地层。

### 8.1.3 双侧壁导坑法

双侧壁导坑法简称双侧壁法,其支护封闭的意义主要体现在横撑的架设上,当其两侧导坑封闭后可提供较强的整体支护刚度。因此,双侧壁导坑法开挖阶段对软弱围岩的扰动程度小,控制偏压地层变形能力强,尤其对地表沉降的控制效果显著,在上述单层支护的工法试验中控制地表沉降的实际效果最好。总体上,在各种大断面顺序施工方法中,双侧壁导坑法是一种具有优异控制围岩变形能力的施工方法。双侧壁导坑法施工工序示意图见图8-3。

双侧壁导坑法施工中需耗费大量时间和材料用于架设和拆除临时支撑,施工速度比较慢(一般铁路双线隧道平均为30m,郑西高铁大断面软弱围岩隧道平均月进尺15~25m),

成本比较高。双侧壁导坑法施工空间分割比较狭小,在采用需要回转空间的挖掘机开挖时,不利于上横撑的及时跟进,施工中往往造成上横撑架设滞后,带来净空位移控制不力的问题。

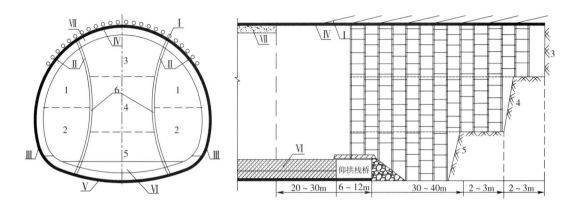

图 8-3 双侧壁导坑法施工工序示意图

1-左(右)侧导坑上部开挖;2-左(右)侧导坑下部开挖;3-中槽拱部开挖;4-中槽中部开挖;5-中槽下部开挖;6-拆除临时支护
Ⅰ-超前支护;Ⅱ-左(右)侧导坑上部支护;Ⅲ-左(右侧导坑下部支护成环);Ⅳ-中槽拱部初期支护与左右Ⅱ闭合;Ⅴ-中槽下部初期支护与左右Ⅲ闭合;Ⅵ-仰拱及填充混凝土;Ⅶ-拱墙二次衬砌

在确保横撑及时架设情况下,双侧壁导坑法可适用于对地表沉降有严格控制要求的地层、埋深小于或等于 1.5 倍隧道开挖宽度的新黄土地层、显著偏压地层以及难以自稳的饱和软弱围岩地层。双侧壁导坑法可用于 $V_b$ 和 Ⅵ 级软弱、破碎围岩的浅埋大断面隧道施工。

### 8.1.4 三台阶七步开挖法

三台阶七步开挖法溯源于中铁十二局,2000 年被铁道部确定为部级工法的《大跨度软岩公路隧道短台阶七步平行流水作业工法》(TLEJGF-99.00-36)。

根据《铁路大断面隧道三台阶七步开挖法施工作业指南(试行)》(经规标准〔2007〕119号),该方法明确定义为:是以弧形导坑开挖为基本模式,分上、中、下三台阶留核心土和七个开挖面,各部位的开挖与支护沿隧道纵向错开,平行推进的隧道施工方法。可适用于开挖面积为 $100 \sim 180 m^2$,具备一定自稳条件的 Ⅳ、Ⅴ 级围岩地段隧道的施工,具有以下特点:

①施工空间大,方便机械化施工,可以多作业面平行作业。部分软岩或土质地段可以采用挖掘机直接开挖,工效较高。
②在地质条件发生变化时,便于灵活及时地转换施工工序,调整施工方法。
③适应不同跨度和多种断面形式,初期支护工序操作便捷。
④在台阶法开挖的基础上,预留核心土,左右错开开挖,利于开挖工作面稳定。
⑤当围岩变形较大或突变时,在保证安全和满足净空要求的前提下,可尽快调整闭合时间。

三台阶七步开挖法施工步骤见图 8-4。

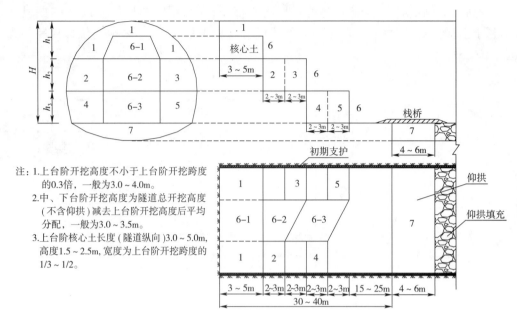

图 8-4  三台阶七步开挖法施工步骤

## 8.2 大拱脚台阶法施工效果分析

大拱脚台阶法是在三台阶七步法的基础上对拱脚部位施工工艺调整而衍生出来的一种工法。施工步骤与三台阶七步法基本相同,主要的差异是在上台阶对拱脚进行扩大,以此达到控制围岩沉降变形,防止初支变形侵限和消除拆换拱的目的。下面对是否扩大拱脚隧道施工过程进行数值模拟,分析围岩及支护结构的受力及变形。

### 8.2.1 大拱脚台阶法计算模型及材料参数

为减少边界约束效应,计算范围按左右边界距隧道中心线距离 5 倍洞径考虑,底部边界距隧道底部的距离按 4 倍隧道高度考虑。指定沿隧道轴线里程增大方向为 $Y$ 轴正向,竖直向上为 $Z$ 轴正向,隧道掘进横断面向右方向为 $X$ 轴正向,模型左、右、前、后和下部边界均施加法向约束,地表为自由边界。另外,隧道最大埋深是 80m,最小埋深仅为 14m,模型采用位移边界条件,对于围岩以及初期支护均按照八节点六面体单元来模拟。开挖工法是三台阶七步法,各台阶高约 3.5m,各台阶纵向错开 4.2m,落底滞后 7.8m,模型纵向长 48m,宽取 84m。共划分了 67840 个单元和 55640 个节点。三维计算模型见图 8-5,有无大拱脚计算模型的局部网格分别见图 8-6 和图 8-7。

图 8-5  大拱脚台阶法三维计算模型

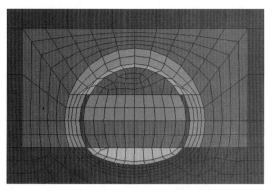
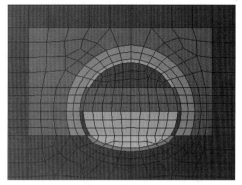

图 8-6 有大拱脚计算模型局部网格　　　　图 8-7 无大拱脚计算模型局部网格

围岩视为摩尔—库仑理想弹塑性材料,支护结构均视为弹性材料。钢架采用工25a全环设置,间距为 0.6m,初期支护为 27cm 厚的 C25 喷射混凝土,钢架在计算模拟时根据抗弯刚度等效原理来提高初期支护的弹性模量。围岩及支护的物理力学参数根据地质资料、室内试验及现行《铁路隧道设计规范》(TB 10003—2005)确定,最浅埋深Ⅴ级软岩段围岩及支护结构物理力学指标见表 7-4。

### 8.2.2 大拱脚台阶法施工步骤

讨论大拱脚作用效果是建立在地表地层及掌子面全部范围注浆加固方案基础上,具体加固范围见图 7-10。计算过程中,计算每开挖步开挖进尺 0.6m,初期支护滞后 1 个开挖循环,即初期支护距开挖掌子面 1.2m。上台阶高度 3.5m,长度 4.2m,距开挖掌子面 4.2m;中台阶高度 3.5m,长度 4.2m,距上台阶开挖掌子面 8.4m;下台阶高度 3.5m,长度 4.2m,距上台阶开挖掌子面 12.6m;仰拱落后掌子面 7.8m。

### 8.2.3 大拱脚台阶法数值模拟结果及分析

(1) 周边位移分析

为最大限度减少边界约束对计算结果的影响,选取中间断面($y=24m$)作为计算数据提取断面,有无大拱脚工况周边位移变化与开挖步关系曲线见图 8-8~图 8-11,有无大拱脚工况洞周位移最大值见表 8-1。

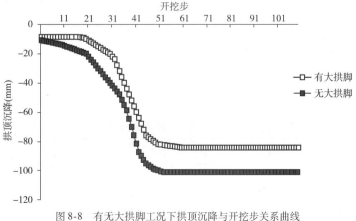

图 8-8 有无大拱脚工况下拱顶沉降与开挖步关系曲线

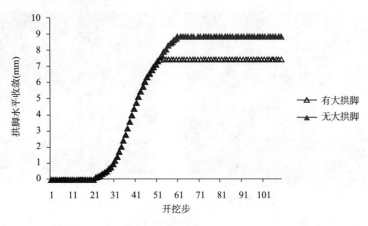

图 8-9 有无大拱脚水平收敛(上台阶测线 1)与开挖步关系曲线

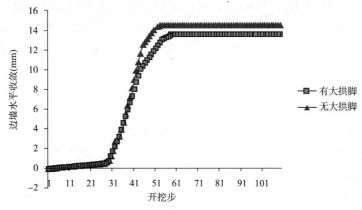

图 8-10 有无大拱脚边墙水平收敛(中台阶测线 2)与开挖步关系曲线

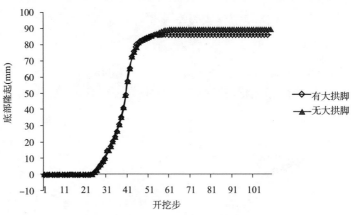

图 8-11 有无大拱脚底部隆起与开挖步关系曲线

**有无大拱脚工况下洞周位移最大值**(单位:mm) 表 8-1

| 工况 | 拱顶沉降 | 拱脚水平收敛 | 边墙水平收敛 | 仰拱隆起 |
|---|---|---|---|---|
| 有大拱脚 | 83.0 | 7.8 | 13.6 | 86.0 |
| 无大拱脚 | 101.0 | 9.7 | 14.5 | 86.5 |

由图 8-8～图 8-11 及表 8-1 可知,有大拱脚施工工况的拱顶沉降及拱脚水平收敛最大值分别为 83.0mm 和 7.8mm,比无大拱脚施工工况相应值小,说明大拱脚对上台阶周边位移控制作用明显;对其他台阶及周边位移控制作用不明显。

(2)初期支护结构应力状态分析

有大拱脚和无大拱脚施工工况的初期支护最终主应力状态见图 8-12～图 8-15。

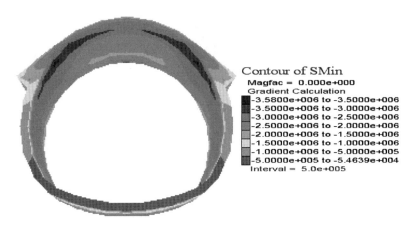

图 8-12　有大拱脚方案最小主应力(Pa)

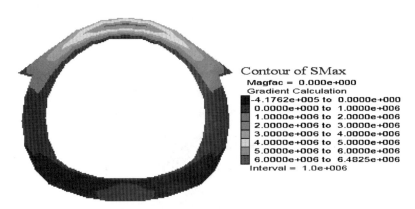

图 8-13　有大拱脚方案最大主应力(Pa)

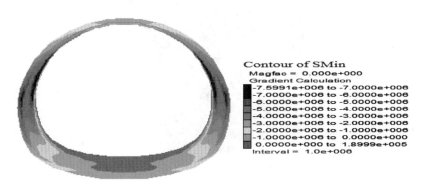

图 8-14　无大拱脚方案最小主应力(Pa)

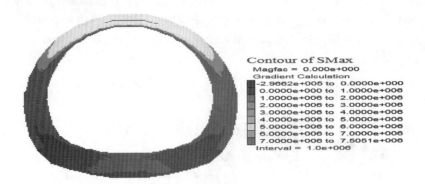

图 8-15　无大拱脚方案最大主应力(Pa)

由图 8-12～图 8-15 可得,有、无大拱脚两种施工方案最大主应力分布规律相似。最大压应力都出现在拱脚附近(即上台阶与中台阶交界附近),有、无大拱脚方案最大压应力值分别为 3.58MPa 和 7.60MPa;最大拉应力都出现在拱顶位置,有、无大拱脚方案最大拉应力值分别为 6.48MPa 和 7.51MPa。所以,有大拱脚方案对初期支护的主拉应力影响较小,但能明显改善初期支护拱脚附近(即上台阶与中台阶交界附近)受力状态,比无大拱脚方案初期支护结构受力少一半多,有大拱脚能改善初期支护结构受力状态。

(3)塑性区分布

有大拱脚和无大拱脚施工方案开挖后塑性区分布范围基本差不多,有大拱脚方案地表塑性区比无大拱脚方案稍小点,下面只给出有大拱脚方案塑性区分布图(图 8-16)。

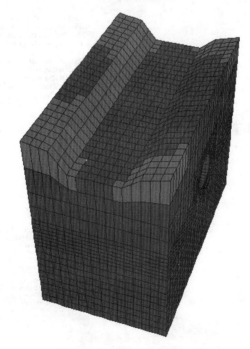

图 8-16　有大拱脚方案塑性区分布

## 8.3 其他不同工法施工过程力学特性分析

不同的开挖工法在控制洞室变形及支护结构受力方面有着显著地差别。为了寻求适合于泥石流隧道施工的工法,分别对 CD 法、CRD 法、双侧壁导坑法和三台阶七步法开挖方法施工过程的力学特性进行分析。其他工法地层加固仅采用地表地层及掌子面全部范围注浆加固。

### 8.3.1 四种工法计算模型及材料参数

为减少边界约束效应,计算范围按左右边界距隧道中心线 5 倍洞径考虑,底部边界距隧道底部的距离按 4 倍隧道高度考虑。指定沿隧道轴线里程增大方向为 $Y$ 轴正向,竖直向上为 $Z$ 轴正向,隧道掘进横断面向右方向为 $X$ 轴正向,模型左、右、前、后和下部边界均施加法向约束,地表为自由边界。另外,隧道最大埋深是 80m,最小埋深仅为 14m,模型采用位移边界条件,对于围岩以及初期支护均按照八节点六面体单元来模拟。四种施工工法的三维计算模型见图 8-17 ~ 图 8-20。

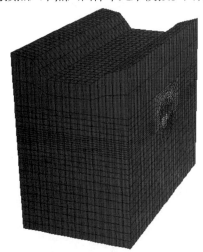
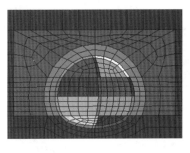

a)整体计算模型　　　　b)局部计算模型

图 8-17　CD 法三维计算模型

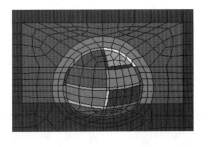

a)整体计算模型　　　　b)局部计算模型

图 8-18　CRD 法三维计算模型

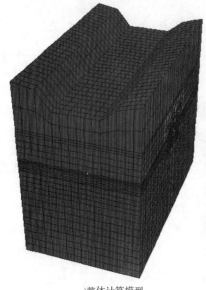
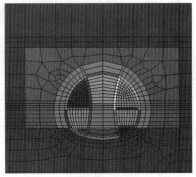

a)整体计算模型　　　　　　　　b)局部计算模型

图 8-19　双侧壁导坑法三维计算模型

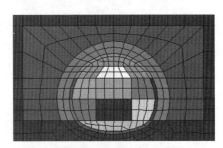

a)整体计算模型　　　　　　　　b)局部计算模型

图 8-20　三台阶七步法三维计算模型

围岩视为摩尔—库仑理想弹塑性材料,支护结构均视为弹性材料。钢架采用Ⅰ25a 全环设置,间距为 0.6m,初期支护为 27cm 厚的 C25 喷射混凝土,钢架在计算模拟时根据抗弯刚度等效原理来提高初期支护的弹性模量。围岩及支护的物理力学参数根据地质资料、室内试验及现行《铁路隧道设计规范》(TB 10003—2005)确定,最浅埋深Ⅴ级软岩段围岩、加固区及支护结构物理力学指标见表 7-4。

### 8.3.2　四种工法施工步骤

(1)CD 法施工步骤设置

计算过程中,计算每开挖步循环进尺 0.6m,初期支护滞后 1 个开挖循环。左上台阶高

3.5m,长度4.2m;左中台阶高度3.5m,长度4.2m;左下台阶高度3.5m,长度4.2m。右上台阶长度4.2m,高度3.5m;中台阶长度4.2m,高度3.5m;下台阶长度4.2m,高度3.5m。右上台阶掌子面落后左下台阶掌子面6m。仰拱落后下台阶7.8m。左右侧各台阶相互错开14.4m。为了尽量减小边界效应的影响,选取监测断面$y=24m$。CD法详细开挖分部示意图(开挖方向)见图8-21,其模型开挖网格示意图见图8-22。

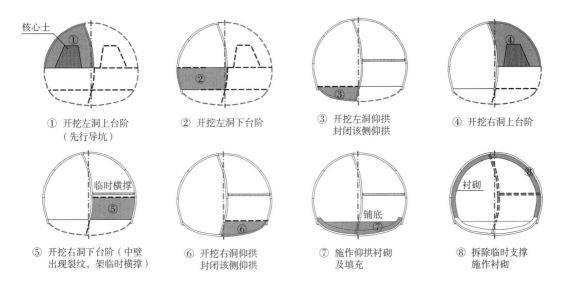

图8-21　CD法详细开挖分部示意图

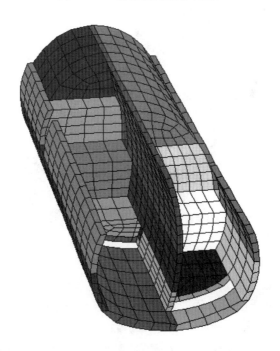

图8-22　CD法施工模型开挖网格示意图

（2）CRD法施工步骤设置

计算过程中，计算每开挖步循环进尺0.6m，初期支护滞后1个开挖循环。左上台阶高3.5m，长度4.2m；左中台阶高度3.5m，长度4.2m；左下台阶高度3.5m，长度4.2m。右上台阶长度4.2m，高度3.5m；中台阶长度4.2m，高度3.5m；下台阶长度4.2m，高度3.5m。左右侧各台阶相互错开14.4m。为了尽量减小边界效应的影响，选取监测断面$y=24$m。CRD法详细开挖分部示意图（开挖方向）见图8-23，其模型开挖网格示意图见图8-24。

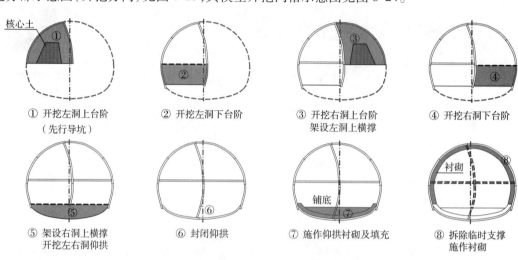

图8-23　CRD法详细开挖分部示意图

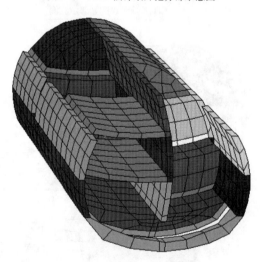

图8-24　CRD法施工模型开挖网格示意图

（3）双侧壁导坑法施工步骤设置

计算过程中，计算每开挖步循环进尺0.6m，初期支护滞后1个开挖循环。左上导洞高5.5m，左下导洞3.5m。中洞上台阶5m，中洞下台阶4.5m。右上导洞高5.5m，右下导洞3.5m。为了尽量减小边界效应的影响，选取监测断面$y=24$m。双侧壁导坑法详细开挖分部示意图（开挖方向）见图8-25，其模型开挖网格示意图见图8-26。

第8章 泥石流堆积体隧道施工方法研究

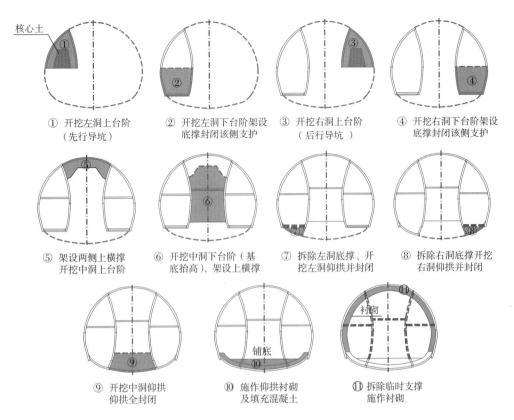

图 8-25 双侧壁导坑法详细开挖分部示意图

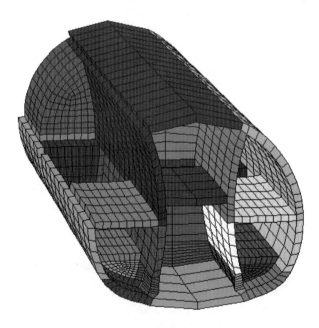

图 8-26 双侧壁导坑法施工模型开挖网格示意图

### (4) 三台阶七步法施工步骤设置

计算过程中，计算每开挖步循环进尺 0.6m，初期支护滞后 1 个开挖循环。上台阶高 3.5m、中台阶高 3.5m、下台阶高 3.5m；上台阶核心土高 2m、中台阶核心土高 3.5m、下台阶核心土高 3.5m。为了尽量减小边界效应的影响，选取监测断面 $y = 24m$。三台阶七步法详细开挖分部示意图(开挖方向)见图 8-27，其模型开挖网格示意图见图 8-28。

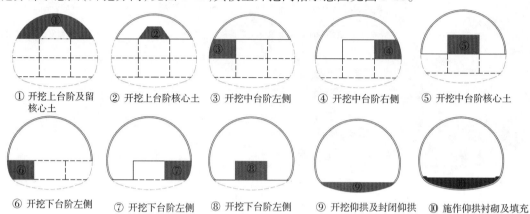

图 8-27　三台阶七步法详细开挖分部示意图

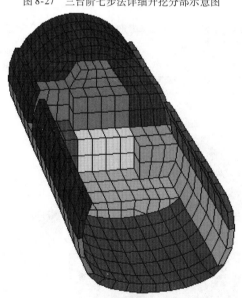

图 8-28　三台阶七步法施工模型开挖网格示意图

### 8.3.3　四种工法监测点设置

为最大限度减少边界约束对计算结果的影响，数值模拟分析的目标面设在模型的中间位置，即 $y = 24m$ 处。在监测面顶部设置拱顶沉降监测点 1，在底部设置底部隆起监测点 6，另外，为了各工法之间相互比较，在模型的拱脚和边墙处布置两条净空收敛测线。具体测点布置见图 7-13，实际施工中，这种监测点布置适合于台阶法施工，其他工法在施工现场不能这样布置监测点。

## 8.3.4 四种工法数值模拟结果及分析

(1) 周边位移分析

为最大限度减少边界约束对计算结果的影响,选取中间断面($y=24\mathrm{m}$)作为计算数据提取断面,CD法、CRD法、双侧壁导坑法和三台阶七步法各种工法周边位移变化与开挖步关系曲线见图8-29~图8-32,各工法洞周位移最大值见表8-2。

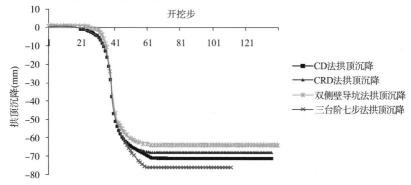

图8-29 不同工法拱顶沉降与开挖步关系曲线

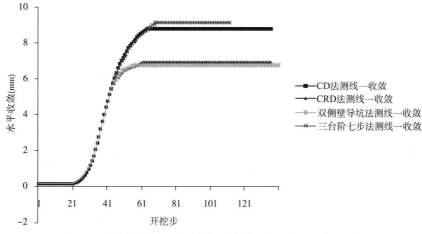

图8-30 不同工法拱脚处水平收敛(上台阶测线一)与开挖步关系曲线

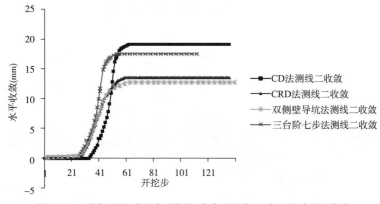

图8-31 不同工法边墙处水平收敛(中台阶测线二)与开挖步关系曲线

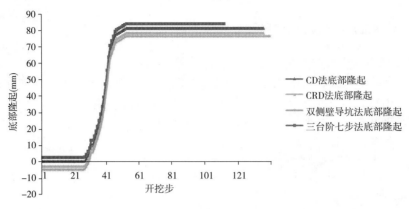

图 8-32 不同工法底部隆起与开挖步关系曲线

**不同工法洞周位移最大值**(单位:mm)　　　　　表 8-2

| 洞周位移 | CD 法 | CRD 法 | 双侧壁导坑法 | 三台阶七步法 | 大拱脚法 |
|---|---|---|---|---|---|
| 拱顶沉降 | 71.0 | 67.0 | 63.0 | 76.0 | 83.0 |
| 拱脚处水平收敛 | 8.7 | 6.9 | 6.7 | 9.1 | 7.8 |
| 边墙处水平收敛 | 18.9 | 13.0 | 12.8 | 17.5 | 13.6 |
| 底部隆起 | 80.0 | 77.0 | 75.0 | 82.5 | 86.0 |

从表 8-2 及图 8-29~图 8-32 可知,各工法洞周位移由大到小的顺序为双侧壁导坑法、CRD 法、CD 法和三台阶七步法,其拱顶下沉值分别为 63mm、67mm、71mm 和 76mm,双侧壁导坑法最小,这是因为双侧壁导坑法开挖阶段对软弱围岩的扰动程度小,控制偏压地层变形能力强,尤其对地表沉降的控制效果显著,在四种工法中,双侧壁导坑法控制地表沉降的实际效果最好。三台阶七步法由于开挖断面相对较大,所以在初期阶段的变形大,三台阶七步法的拱脚处水平收敛值也是最大。但是对于墙腰收敛来说,CD 法的最终收敛值最大,这是因为 CD 法没有横撑,它只有在先行导坑仰拱封闭后才能形成较强的整体支护刚度。四种工法最终周边位移值相差不是太明显,最大拱顶下沉比最小拱顶下沉值多 20.1%。

(2) 初期支护结构应力状态分析

CD 法、CRD 法、双侧壁导坑法和三台阶七步法四种施工方法初期支护最终主应力状态见图 8-33~图 8-40。四种工法的初期支护主应力汇总见表 8-3。

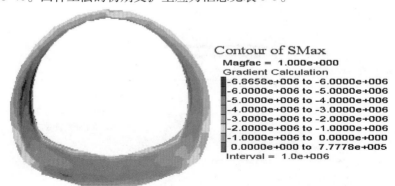

图 8-33　CD 法施工初期支护最小主应力(单位:Pa)

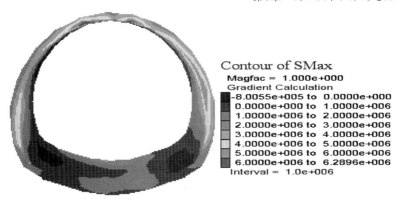

图 8-34　CD 法施工初期支护最大主应力(单位:Pa)

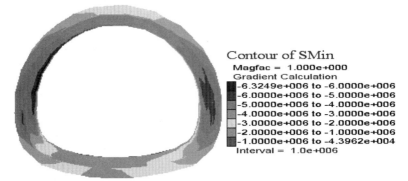

图 8-35　CRD 法施工初期支护最小主应力(单位:Pa)

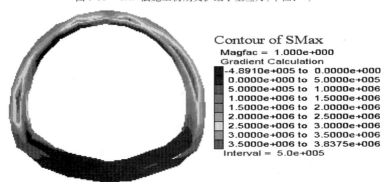

图 8-36　CRD 法施工初期支护最大主应力(单位:Pa)

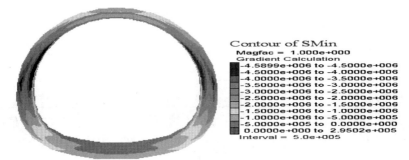

图 8-37　双侧壁导坑法施工初期支护最小主应力(单位:Pa)

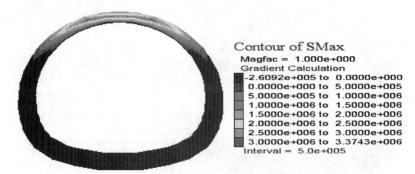

图 8-38　双侧壁导坑法施工初期支护最大主应力(单位:Pa)

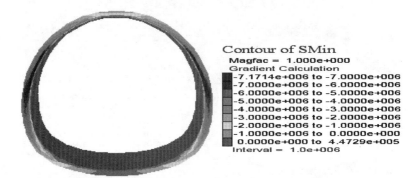

图 8-39　三台阶七步法施工初期支护最小主应力(单位:Pa)

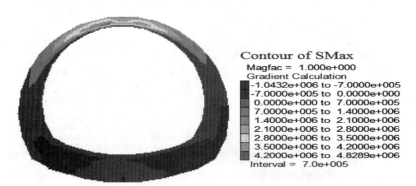

图 8-40　三台阶七步法施工初期支护最大主应力(单位:Pa)

不同种工法初期支护结构主应力(单位:MPa)　　　　表 8-3

| 支护应力 | CD 法 | CRD 法 | 双侧壁导坑法 | 三台阶七步法 | 大拱脚法 |
|---|---|---|---|---|---|
| 最小主应力 | 6.86 | 6.30 | 4.59 | 7.20 | 3.58 |
| 最大主应力 | 6.30 | 3.84 | 3.37 | 4.83 | 6.48 |

由图 8-33~图 8-40 及表 8-3 可得,四种施工方法开挖完成后,各施工方案最终初期支护的主应力分布规律相似,最大主压应力都出现在拱脚附近,最大主拉应力都出现在拱顶位置,其中 CRD 法在拱脚附近也出现较大主拉应力;采用 CD 法、CRD 法、双侧壁导坑法和三台阶七步法施工后,初期支护所受最大主压应力分别为 6.86MPa、6.30MPa、4.59MPa 和 7.20MPa,即

四种施工方法施工后,双侧壁导坑法施工后初期支护最大主压应力最小,三台阶七步法施工后初期支护最大主压应力最大;采用CD法、CRD法、双侧壁导坑法和三台阶七步法施工后初期支护所受最大主拉应力分别为6.30MPa、3.84MPa、3.37MPa和4.83MPa,即四种施工方法施工后,双侧壁导坑法施工后初期支护最大主拉应力最小,CD法施工后初期支护最大主拉应力最大。三台阶七步法施工的初期支护受所主压应力较大,所受主拉应力不是太大,支护结构基本安全。

(3)塑性区状况

CD法、CRD法、双侧壁导坑法和三台阶七步法四种施工方法开挖中和开挖后塑性区分布见图8-41~图8-44。

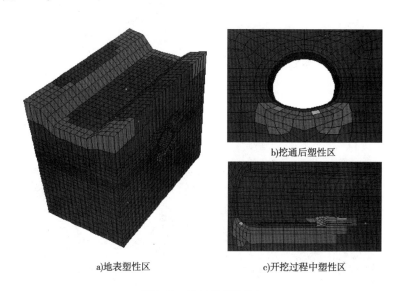

图8-41 CD法塑性区分布

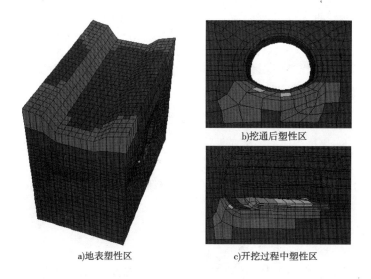

图8-42 CRD法塑性区分布

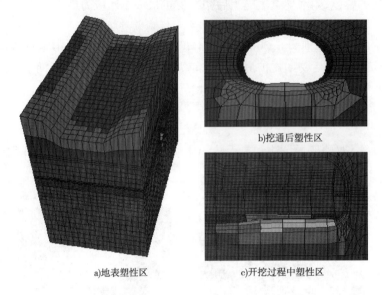

图 8-43 双侧壁导坑法塑性区分布

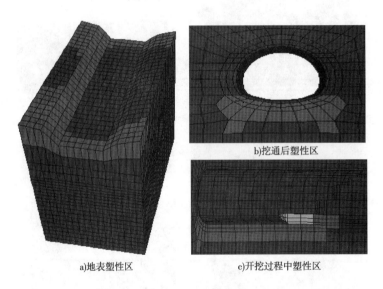

图 8-44 三台阶七步法塑性区分布

由图 8-41～图 8-44 可得,由于隧道埋深浅,最小埋深仅 14m,且隧道穿越的泥石流堆积层围岩较差,四种施工方法施工完成后,地表都产生一定范围的塑性区,地表产生塑性区的范围由大到小的顺序为三台阶七步法、CD 法、CRD 法和双侧壁导坑法,但差别不是太明显。

## 8.4 工法适用性分析

结合上面分析及经验资料,对穿越泥石流堆积体隧道施工方法各自特点汇总见表 8-4。

## 第8章 泥石流堆积体隧道施工方法研究

各施工方法特点　　　　　　　　　　　　　　　　　表 8-4

| 工法名称 | | CD 法 | CRD 法 | 双侧壁导坑法 | 三台阶七步法 |
|---|---|---|---|---|---|
| 示意图 | | (图) | (图) | (图) | (图) |
| 重要指标比较 | 工法特点 | 变中跨为小跨 | 步步封闭 | 变大跨为小跨 | 环形开挖留核心土 |
| | 施工难度 | 一般 | 复杂 | 最复杂 | 不复杂 |
| | 技术条件 | 较高 | 最高 | 高 | 低 |
| | 预测地表沉降 | 小 | 最小 | 较小 | 大 |
| | 工程造价 | 中等 | 高 | 最高 | 低 |
| | 施工速度 | 一般 | 慢 | 最慢 | 快 |
| | 防水效果 | 好 | 好 | 效果差 | 好 |
| | 一次支护拆除量 | 拆除少 | 拆除多 | 拆除多 | 没有拆除 |
| 优缺点对比及适用性 | 优点 | 施工有中壁支撑,把隧道分成两部分,6个导坑,施工安全度较高、控制地层变形较好 | 有利于控制拱顶沉降和地表变形 | 每个分块都是在开挖后立即各自闭合,施工安全 | 工序少,相互影响小,出渣快,机械设备效率较高,上、中、下导坑一次成形,围岩暴露时间短,安全能保证,施工进度有很大提高,工序相互转换快,工程造价低,成洞速度比较快 |
| | 缺点 | 工序多,相互影响大,机械出渣效率低,工序转换慢,施工相互干扰较大,成洞速度较慢,工程造价高,施工时易造成围岩长时间暴露,要根据围岩量测数据拆除中壁,因此,仰拱和二衬施工相对滞后 | 工序多、相互影响大,机械设备难于展开 | 开挖断面分块多,扰动大,初次支护全断面闭合的时间长,速度较慢,成本较高 | 有一定的安全风险,对突发事件(如初期支护大变形)的应对能力较差,须加强施工期间地质超前预报和施工监测的力度。仰拱和二衬必须紧跟开挖,确保施工安全。须有可靠的地质超前预报系统和加强监控量测的力度,及时根据量测数据反馈结果来指导施工 |
| | 适用性 | 适用于偏压地层,埋深大于1.5倍洞跨的软弱围岩地层 | 适用于对地表沉降有控制要求、埋深小于或等于1.5倍洞跨的软弱围岩以及显著偏压地层 | 适用于浅埋大跨度隧道及地表下沉量要求严格而围岩条件很差地段 | 适用于开挖面积为100~180$m^2$,具有一定自稳条件的Ⅳ、Ⅴ级围岩,且对隧道变形控制要求不高的情况 |

由表 8-4 及各工法计算结果可知,对于控制变形能力及施工安全性来说,其顺序为三台阶七步法 < CD 法 < CRD 法 < 双侧壁导坑法,但经常在隧道施工中,与预想效果相差很大。比如

CRD 工法施工工序复杂,分成 6 个洞室开挖,限制了大型机械的使用,施工进度较慢,开挖面不能及时闭合。CD 法没有横撑,它只有在先行导坑仰拱封闭后才能形成较强的整体支护刚度,在此之前,CD 法中壁的稳定性容易受开挖影响,尤其是在承载力较弱的围岩中。双侧壁导坑法对于控制浅埋隧道地表沉降效果最好,在城市地铁隧道中经常被采用,但是此种施工方法速度最慢,对于施工速度来说,其顺序为三台阶七步法 > CD 法 > CRD 法 > 双侧壁导坑法。

在兰渝线仓园隧道穿越泥石流堆积层这种特殊地质条件下,为了保证施工安全及工期,隧道周围采用地表加洞内帷幕注浆、大拱脚及隧道基底树根桩加固等施工辅助措施后,借鉴以往施工经验,并通过多施工方法比选,最终选择采用三台阶七步开挖法。

## 8.5 三台阶七步法合理台阶参数分析

下面对三台阶七步法中台阶长度、台阶高度、台阶错台距离及台阶开挖进尺等台阶参数设置从围岩变形控制的角度来分析。

### 8.5.1 三台阶七步法计算模型及材料参数

计算模型、计算参数同前。

### 8.5.2 三台阶七步法施工步骤及台阶参数设定

三台阶七步法计算过程中,初期支护滞后 1 个开挖循环。计算台阶参数设定如下:
(1) 台阶长度参数

穿越泥石流堆积体隧道三台阶七步开挖法的台阶长度不宜过长,否则支护封闭距离必然拉大。为确定合理的台阶长度,对 2.4m、4.2m、6.0m 三种台阶长度进行三维数值分析,其他施工参数不变(循环进尺 0.6m、各台阶高 3.5m、台阶错台 2.4m、仰供封闭距离 27.6m)。

(2) 台阶高度参数

台阶高度的控制十分关键,特别是上台阶的高度更应该严格控制。如果上台阶高度太低,则施工不方便,而且还会使中、下台阶太高,对中、下台阶的掌子面稳定性不利;如果上台阶高度太高,滑移体范围太大,不利于掌子面的稳定,而且所需小导管的长度也加大,施工不便。根据仓园隧道施工的成功经验,台阶高度的设置为:上台阶高度不小于上台阶宽度的 0.3 倍,一般取 3~4m;中、下台阶高度为隧道总高度减去仰供高度和上台阶高度后平均分配,一般取 3~3.5m。

(3) 台阶错台距离参数

由于进行三台阶开挖,在中、下层台阶开挖时,为避免上层初期支护两脚同时悬空,每层均左右错开开挖。为了研究合适的错台距离,采用三维数值方法进行错台 2.4m 和 4.8m 的计算比较,其他施工参数不变(循环进尺 0.6m、各台阶高 3.5m、台阶长度 4.2m、仰供封闭距离 27.6m)。

(4) 合理开挖进尺参数

开挖进尺的大小对不良地质泥石流隧道施工变形的影响较大,采用三维数值方法对仓园隧道三种进尺(即 0.6m、1.2m 和 1.8m)进行计算比较,其他施工参数不变(各台阶高 3.5m、台阶长度 4.2m、台阶错台 2.4m、仰供封闭距离 27.6m)。

### 8.5.3 三台阶七步法监测点设置

在监测面顶部设置拱顶沉降监测点 1,在底部设置底部隆起监测点 6,在模型的拱脚和边墙处布置两条净空收敛测线。测点及测线布置图同前所示。

### 8.5.4 三台阶七步法台阶参数设置数值模拟结果及分析

(1)台阶长度参数分析

其他参数不变,2.4m、4.2m、6.0m 三种台阶长度三维数值分析计算结果见表 8-5。

不同台阶长度计算结果比较　　表 8-5

| 台阶长度 | 拱顶下沉 | 水 平 收 敛 ||
|---|---|---|---|
| | | 上台阶 | 中台阶 |
| 2.4m | 80.0mm | 9.4mm | 18.6mm |
| 4.2m | 76.0mm | 9.1mm | 17.5mm |
| 6.0m | 85.0mm | 9.8mm | 19.4mm |
| 2.4m 与 4.2m 比增加 | 5.3% | 3.3% | 6.3% |
| 6.0m 与 4.2m 比增加 | 11.8% | 7.7% | 10.9% |

从表 8-5 可以看出,台阶过长、过短都不利于变形控制,4.2m 台阶在变形控制上优于 2.4m 和 6.0m 台阶长度,且考虑施工机械放置空间,穿越泥石流堆积体仓园隧道三台阶七步开挖法的台阶长度取 4m 左右较合适,不宜超过 6m。

(2)台阶高度参数分析

根据仓园隧道施工的成功经验,台阶高度的设置为:上台阶高度不小于上台阶宽度的 0.3 倍,一般取 3~4m;中、下台阶高度为隧道总高度减去仰供高度和上台阶高度后平均分配,一般取 3~3.5m;综合考虑施工机械放置空间及隧道断面形状及尺寸,仓园隧道在施工中,上、中、下各阶台阶高度都取 3.5m。

(3)台阶错台距离参数分析

0.0m、2.4m、4.8m 三种台阶错台距离三维数值分析计算结果见表 8-6。

不同台阶错台距离计算结果比较　　表 8-6

| 台阶错台距离 | 拱顶下沉 | 水 平 收 敛 ||
|---|---|---|---|
| | | 上台阶 | 中台阶 |
| 0.0m(不错台) | 82.0mm | 8.5mm | 16.4mm |
| 2.4m | 76.0mm | 9.1mm | 17.5mm |
| 4.8m | 87.2mm | 10.2mm | 21.4mm |
| 2.4m 与 0.0m 比增加 | -7.9%(负号表示减少) | 6.6% | 6.3% |
| 4.8m 与 0.0m 比增加 | 14.7% | 12.1% | 22.3% |

从表 8-6 可以看出,台阶错台距离过长不利于变形控制,随着台阶错台距离的增加,中台阶收敛增加量较大,但在中、下层台阶开挖时,为避免上层初期支护两脚同时悬空,每层均应左

右错开开挖,这有利于初期支护结构的稳定。综合比较,仓园隧道错台长度确定为2~3m。

(4)合理开挖进尺参数分析

其他参数不变,0.6m、1.2m、1.8m三种开挖进尺三维数值分析计算结果见表8-7。

不同开挖进尺计算结果比较　　　　　　表8-7

| 开挖进尺 | 拱顶下沉 | 水平收敛 | |
|---|---|---|---|
| | | 上台阶 | 中台阶 |
| 0.6m | 76.0mm | 9.1mm | 17.5mm |
| 1.2m | 100.5mm | 13.8mm | 25.1mm |
| 1.8m | 112.3mm | 14.6mm | 26.9mm |
| 1.2m与0.6m比增加 | 32.2% | 51.6% | 43.4% |
| 1.8m与0.6m比增加 | 47.8% | 60.4% | 53.7% |

从表8-7可以看出,开挖进尺从0.6m增加到1.2m时,拱顶下沉增加32.2%,水平收敛增加43.4%以上,随着开挖进尺的减小,减小土体一次暴露的长度,减少一次开挖量和出渣量,缩短开挖与支护的衔接时间,从而实现早支护,对控制变形是十分有效的。

根据仓园隧道的现场试验,最终确定围岩较差段开挖进尺如下:上台阶一次进尺不宜大于0.6~0.8m;中、下层台阶一次进尺不宜大于0.6~1.2m;仰拱一次开挖施作初支护的长度不宜大于上台阶一次进尺的3倍,即1.8~2.4m。围岩较好段可以适当加大开挖进尺,提高施工进度。

## 8.6　小结

综合以上分析,各种施工方法都有它们的优缺点及各自适应性,CRD工法施工工序复杂,分成6个洞室开挖,限制了大型机械的使用,施工进度较慢,开挖面不能及时闭合。CD法没有横撑,它只有在先行导坑仰拱封闭后才能形成较强的整体支护刚度,在此之前,CD中壁的稳定性容易受开挖影响,尤其是在承载力较弱的围岩中。双侧壁导坑法对于控制浅埋隧道地表沉降效果最好,在城市地铁隧道中经常被采用,但是此种施工方法速度最慢。

结合兰渝线仓园隧道穿越泥石流堆积层这种特殊地质情况,为了保证施工安全及工期,采用地表地层和掌子面注浆加固、大拱脚及隧道基底树根桩加固等施工辅助措施后,借鉴以往施工经验,并通过多种施工方法比选,最终选择采用三台阶七步开挖法。

在此基础上,对三台阶七步法中台阶长度、台阶高度、台阶错台距离及台阶开挖进尺等台阶参数进行分析可得,穿越泥石流堆积体仓园隧道三台阶七步开挖法的台阶长度取4m左右较合适,不宜超过6m;上、中、下各台阶高度取3.5m;错台长度确定为2~3m;台阶开挖进尺不宜大于0.6~1.2m。

# 第9章 泥石流堆积体隧道基底处理技术研究

对穿越甘家沟石流沟仓园隧道而言,此泥石流堆积体由粒径不同的圆砾土、角砾土和千枚岩以及部分夹杂砂质饱水黄土组成,由于形成时间很短,结构松散,密实性差,不具有稳定性,不能称其为"岩"。其孔隙率大,饱含水,且具有地下流动性,整体承载能力较低,在遇水侵蚀或较大荷载的作用下,会产生较大沉降,由于铁路运营速度较高,线路要求有较高的平顺性,对工后沉降要求比较严格。为保证铁路运营安全,有必要对穿越泥石流堆积体隧道基底进行加固处理。

## 9.1 常用基底处理方法及评价

### 9.1.1 隧道基底处理原则

①穿越泥石流堆积体隧道基底应根据隧道的工后沉降要求,应按照软土地基有关要求进行地基处理。

②对于穿越泥石流堆积体隧道基底,应经分析计算,在列车动载作用下,当基底沉降量的计算值大于或等于路基工后沉降量容许值时,需提出处理措施。

③防止或减小隧道基底工后沉降量的设计措施,可以分为基底处理措施、防水措施和结构措施三类。

a. 基底处理措施,主要是通过采用桩基础等措施穿过一定厚度地层,或对一定厚度地层进行换填,将隧道仰拱设置在较好地层上。

b. 防水措施,主要是通过有效截排洞顶的雨水、设置防护膜防止地表水下渗、完善隧底的排水系统及时将底部渗透水排出等方法,防止水渗入隧道基底引起泥石流堆积体地层变差。

c. 结构措施,主要是加强隧道底部结构,减小或调整隧道基底的不均匀沉降,或采取使隧道结构适应基底变形的措施。

④一般情况下,应采用以基底处理为主的综合治理方法,防水措施和结构措施通常用于基底不处理或配合基底处理改善地层的情况,以弥补基底处理的不足。

### 9.1.2 常用基底处理方法

我国在堆积体地层和软土地基的处理有较为成熟的技术和实践经验,处理措施主要有换填、强夯、CFG桩、砂桩、石灰桩、水泥桩、树根桩、粉喷桩、旋喷桩或高压旋喷桩、土钉、锚杆、微型桩、振动挤密桩以及它们的组合等。

结合隧道工程的特点，对各种基底处理方法的优缺点的比较见表9-1。

各种基底处理方法比较　　　　　表9-1

| 基底处理方法 | 主要优点 | 主要不足 |
| --- | --- | --- |
| 换填法 | 方法简单，对土体扰动小，施工质量易控制，工程费用低，和隧道施工的相互影响不大 | 暗挖段隧道开挖断面增大，隧道底部封闭不及时，可能发生底部失稳，施工存在安全风险 |
| 强夯法 | 工艺简单，质量可靠，处理时间短，处理深度一般可以满足要求 | 震动大，对暗挖施工的隧道初期支护的稳定影响大，施工风险大 |
| CFG桩/砂桩/石灰桩/水泥桩 | 方法较成熟，施工质量相对易控制，处理后地基的长期稳定性好 | 隧道里施工较困难，与隧道施工有交叉影响，相互间施工配合困难 |
| 树根桩 | 施工机具简单、施工安全性高，作业空间小，适用于不良地质狭窄断面的基底处理 | 单根桩加固范围有限，整体加固质量不好检验 |
| 粉喷桩/旋喷桩/高压旋喷桩 | 技术成熟，加固质量能保障，长期稳定性好 | 隧道里作业环境差，施工机械昂贵，与隧道施工有交叉影响，工程造价高 |
| 土钉/锚杆/微型桩 | 方法较成熟，较简单，施工质量相对易控制 | 单根土钉/锚杆/微型桩的加固范围有限，使得施工量加大，施工时间加长 |
| 水泥土、灰土挤密桩 | 方法较成熟，质量可靠，经济实用 | 施工占用洞内空间较大，与其他工序有交叉影响，冲击挤密振动对隧道的稳定性有一定影响，施工需要对初期支护进行必要的加固 |
| 静力压入桩 | 施工没有振动噪声，桩是在工厂预制，质量容易控制 | 施工装备笨重，对混凝土桩的质量要求高，一般不适宜隧道内施工 |

明挖隧道段基底处理，可以采用路基工程常用的地基处理方法，如强夯法、换填法、CFG桩或振动压入桩法等。对于暗挖施工的隧道，在基底没有处理前，不能施作仰拱和二次衬砌，不适宜采用对基底扰动较大或施工振动较大的处理措施；另外，由于隧道施工场地受隧道掌子面开挖等工序衔接和洞室尺寸的限制，也不适合采用大型施工设备处理。结合穿越甘家沟石流沟仓园隧道具体情况，下面重点介绍灰土挤密桩、树根桩等几种可适用于隧道基底处理的施工技术。

1）挤密桩处理技术

挤密桩法是利用冲锤或锤击打入的方式，对拟加固的地基土冲击挤密成桩孔，原来处于桩孔部位的土被挤入周围土体中，然后在桩孔中分层填入灰土等填充料，并分层冲击挤密成桩。通过这一挤密过程，提高承载力。

(1) 挤密桩的特点

①主固化料为消石灰或水泥，桩体材料可就地取材，可用多种工艺施工，如冲击、沉管、先掏小孔再冲击扩孔、人工挖孔和人工夯实等。

②设备简单，便于推广，施工速度快，造价低廉。

③桩体强度可达到0.5～4MPa，复合地基承载力可达到250kPa，桩间土经挤密后可大幅

提高承载力。

(2) 挤密桩加固方法

灰土挤密桩适用于处理地下水位以上、处理深度在 5~15m（小于 5m 则不经济）、含水率在 14%~23% 的软土地基。施工时，先按设计方案在隧道基底布置桩位并成孔，然后将水泥土或其他灰土在最佳含水率下分层填入桩孔内，并分层夯实至设计标高。通过成孔和桩体夯实过程中的横向挤压作用，使桩间土得以挤密，从而形成复合式地基。需要注意的是，不得用粗颗粒的砂、石或其他透水性材料填入桩孔内。采用挤密桩加固基底时，除人工挖孔工序外，其他大多数工序都存在一定的振动和噪声，因而施工时需要对隧道支护结构进行加固，并加强监测。

(3) 挤密桩施工工艺

水泥土挤密桩有两种施工工艺，分别是重锤冲击成孔水泥土挤密桩（非排土挤密桩）和洛阳铲成孔水泥土挤密桩（排土挤密桩）。

重锤冲击成孔水泥土挤密桩是将重锤借助于机械提升后，依靠自由下落时产生的冲击能量，对需加固的地基进行冲击成孔，在此过程中，孔中土体向周边挤出而压密周围土体。成孔达到设计深度后，分层向孔内回填水泥土，同样利用重锤自由下落时产生的冲击能量对回填水泥土分层夯实，水泥土在重锤冲击能量的作用下被迫向桩孔四周挤出，此过程同样具有挤密周边土体的作用。如此反复分层回填、分层夯实，直至成桩，形成桩土复合地基，达到加固地基的目的。

2) 树根桩处理技术

树根桩是指桩径在 70~300mm、长径比大于 30，采用螺旋钻成孔、用配筋和压力注浆工艺成桩的钢筋混凝土就地灌注桩，又称为小直径钻孔灌注桩，布桩可以采用竖向、斜向设置，网状布置如树根状，故称为树根桩。

树根桩是由意大利 Fondedile 公司在 20 世纪 30 年代发明的一项专利技术，20 世纪 80 年代初在我国首次应用，发展至今，在基础托换加固和软土地基处理方面已有相当广泛的应用，设计计算理论和施工工艺已非常成熟。

与其他地基处理方法相比，树根桩具有如下技术特点：机具简单，所需施工场地较小，一般需 0.6m×1.8m 的平面尺寸、2.1~2.7m 的净空即可，因而适合于在作业区狭小或地下障碍物较多的地段施工；施工时振动和噪声小，施工方便；施工时桩孔很小，故而对墙身和地基土都不产生次应力，也不扰动地基土和干扰建筑物的正常工作情况；采用压力注浆，使桩与土体结合紧密，桩土表面摩擦力较大，具有较高的承载能力；从受力机理看，因桩的长径比很大，单位体积桩的承载力远大于其他桩型。树根桩不仅可承受竖向荷载，还可承受水平向荷载。

树根桩适用于杂填土、素填土、碎石土、砂土、粉土、黏性土、湿陷性黄土等各种不同地质条件，既能用于地下水位以上，也可用于地下水位以下。

当建筑地基承载力不能满足上部结构荷载或须将地基变形控制在一定范围时，采用树根桩对地基进行加固，使桩与桩间土构成复合地基共同承受上部荷载的作用，通过桩体把上部结构的部分荷载传递到地基深部，减少作用在基底土层的附加应力，减少沉降，提高地基的承载力。为了维持桩与桩间土的变形协调，即使建筑物仅产生极小的沉降，桩体也会发生迅速反应，承担建筑物部分荷载，相应使基底下土的反力减少。由于桩体的模量远大于桩间土的模量，土中应力将向桩体发生集中，使桩体承受的竖向应力远大于土中承受的竖向应力。树根桩的作用实质就是分担基底土的总荷载。

### 9.1.3 泥石流堆积体隧道基底处理方法

穿越泥石流区隧道基底可采用换填法、挤密桩及树根桩,示意图分别见图9-1~图9-3。

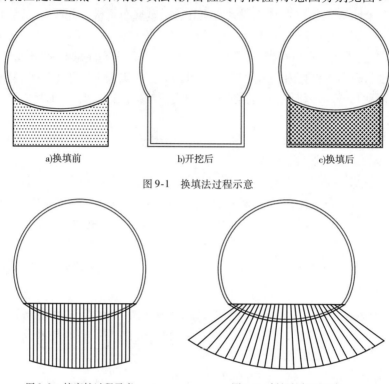

图9-1 换填法过程示意

图9-2 挤密桩过程示意　　　图9-3 树根桩加固示意

从表9-1及图9-1~图9-3可看出,换填法施工方法最简单,对土体扰动小,施工质量易控制,工程费用最低。但使隧道开挖断面增大,隧道底部封闭不及时,可能发生底部失稳,施工存在较大安全风险。挤密桩方法较成熟,质量可靠,经济实用,施工占用洞内空间较大,与其他工序有交叉影响,冲击挤密振动对隧道的稳定性有一定影响,施工需要对初期支护进行必要的加固,基底加固后对墙脚支撑作用不明显。树根桩加固施工机具简单、施工安全性高,作业空间小,且容易施作倾斜桩体,基底加固后对墙脚有较好支撑作用,适用于不良地质狭窄隧道断面的基底处理。结合仓园隧道具体施工情况,隧道基底采用树根桩处理技术较合适。

## 9.2 泥石流堆积体隧道基底稳定性分析

### 9.2.1 隧道基底稳定性判别标准

高速列车动荷载作用下,隧道结构的稳定性直接影响隧道的运营安全,是隧道工程成败的关键问题。同其他结构物基础类似,隧道基础稳定性通常认为是在围岩压力、水压力、列车运营荷载等静、动载共同作用下,隧道结构和基础表现出的变形、沉降的性质。稳定性主要取决于隧道基础在静、动载作用下变形和沉降的大小,随时间发展的规律、变化的趋势等特性。如果穿越泥石流区隧道基础的变形量和沉降量能满足铁路建设和运营的要求,且随时间的发展整体趋于平缓,沉降变形速率趋近于零,则可认为隧道基础是稳定的。否则,认为隧道基础是不稳定的。

在模型计算中,主要分析隧道基底在列车振动荷载作用下,基底位移和速度随振动时间的变化规律。据此来判断隧道基底的稳定性。

《铁路线路修理规则》中关于线路轨道动态几何尺寸容许偏差管理值规定见表9-2。

轨道动态质量容许偏差管理值　　　　　表9-2

| 项　目 | 高低(mm) | 水平(m) |
|---|---|---|
| $v_{max} \geq 160 km/h$ | 5 | 5 |
| $120 km/h \leq v_{max} < 160 km/h$ | 6 | 6 |
| $v_{max} < 120 km/h$ | 8 | 8 |

根据《高速铁路设计规范(试行)》(TB 10621—2009)要求,铺设无砟轨道路基的工后沉降不宜超过15mm,隧道与路基、隧道明洞和暗洞等横向结构物交界处的工后沉降差不应大于5mm。由于兰渝铁路客车速度目标值为160km/h,有些地段客车速度目标值为250km/h,所以,根据《铁路线路修理规则》(铁运〔2006〕146号)及《高速铁路设计规范(试行)》(TB 10621—2009)要求,兰渝铁路仓园隧道工后基底沉降应控制在5mm以内。另外,根据《爆破安全规程》(GB 6722—2003)给出混凝土结构安全允许振速为30~40mm/s,交通隧道安全允许振速为100~200mm/s。

### 9.2.2　计算模型和计算参数

由于列车及隧道自身结构特点,列车振动对基底稳定的影响在隧道纵向变化不大,为了提高动力计算速度,所以采用平面计算模型,纵向取两个网格,每个网格1m。为减少边界约束效应,计算范围按左右边界距隧道中心线距离约3倍洞径考虑,底部边界距隧道底部的距离按约3倍隧道高度考虑。指定沿隧道轴线方向为Y轴正向,竖直向上为Z轴正向,隧道横断面向右方向为X轴正向,整个计算模型在X、Z方向尺寸为84m×63.63m(隧道拱顶到模型上表面的距离为16.5m),在动力问题中,模型周围边界条件的选取是一个主要内容,因为边界上会存在波的反射,对动力分析的结果产生影响。把分析模型的范围设置得越大,分析结果就越好,但是,较大的模型会导致巨大的计算负担,因此,本模型采用静态边界,静态边界可以吸收边界上的入射波,具体的做法是在模型的法向和切向分别设置自由的阻尼器,从而实现吸收入射波的目的,对模型全部单元的Y方向施加法向固定速度约束,模型左、右和下部边界均施加法向静态约束(黏性边界),地表为自由边界。静态边界围岩及初期支护结构均采用八节点六面体单元来模拟,模型共划分了3345个节点和2124个单元。计算模型及局部网格见图9-4。

模型采用动力计算模型,围岩视为摩尔—库仑理想弹塑性材料,支护结构均视为弹性材料。钢架采用全环设置,间距为0.6m,初期支护为27cm厚的C25喷射混凝土,钢架在计算模拟时根据抗弯刚度等效原理来提高初期支护的弹性模量。围岩物理力学参数参照地质资料、现行《铁路隧道设计规范》(TB 10003—2005)等选取,隧道所处地层主要为细角砾土地层,隧道超前支护采用小导管注浆加固,地层和支护的物理力学指标见表9-3。

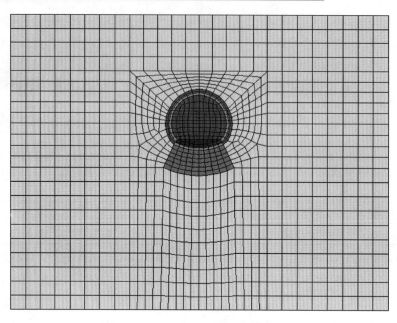

图 9-4 计算模型及局部网格图

地层和支护的物理力学性能指标　　　表 9-3

| 参数<br>材料类型 | 重度<br>（kN/m³） | 弹性模量<br>（MPa） | 泊松比 | 黏聚力<br>（kPa） | 内摩擦角<br>（°） | 剪胀角<br>（°） |
|---|---|---|---|---|---|---|
| 细角砾土地层 | 18.3 | 100 | 0.40 | 5.0 | 30 | 5 |
| 考虑渗水地层减弱 | 18.3 | 75 | 0.42 | 3.5 | 27 | 5 |
| 超前支护加固区 | 20.0 | 300 | 0.40 | 50.0 | 35 | 5 |
| 树根桩加固 | 22.5 | 2500 | 0.26 | 150.0 | 48 | 5 |
| 初期支护 C25 喷混凝土 | 23.6 | 28334 | 0.20 | | | |
| 二次衬砌 C45 | 24.0 | 33500 | 0.20 | | | |
| 底板回填 C20 混凝土 | 23.0 | 28000 | 0.20 | | | |

注：初期支护弹性模量需按等效刚度原则经转换计算求得。

### 9.2.3 数值模拟监测点布置与动力荷载的选择

（1）监测点位置

为便于分析，在隧道回填底板上设置了 5 个监测点，见图 9-5。

（2）动力荷载的确定

①加载波形。从已有的理论研究结果可知，激振波由若干个不同频率、不同振幅的谐激振波（正、余弦波等）叠加而成。本计算简化为余弦波形。

②动荷载幅值。从已有高速铁路实测情况看，无砟轨道底板处的静荷载在 37kPa 左右，实测动应力在 30kPa 左右。所以对于本试验，仰拱填充面上的动应力幅值控制在 30kPa。

③激振频率。隧道基底承受的列车荷载是单向脉冲应力波。同一转向架上的轴距 2.5m 左右，同一车厢的两个转向架之间的距离一般是 18m，而相邻两节车厢的转向架间距一般是 8m。在高速行车的情况下，同一转向架上的两轴之间的动载产生重叠，两峰之间的变化不大，可视为一次冲击。

根据资料,当车速为350km/h时,8m和18m轴距产生的激振频率为12.15Hz和5.4Hz。车速越低,激振频率也越低。

从相关研究可知,低频激振对结构物产生的影响和危害要大于高频激振。例如我国《爆破安全规程》(GB 6722—2003)对钢筋混泥土结构房屋给出如下的安全允许振速:当激振频率在10~50Hz时为激振频率小于10Hz时的112.5%~116.7%。频率越高,安全允许振速的增加幅度越大。

基于上述激振频率特性和车速为350km/h时的激振频率值,为了安全考虑,本模型计算时取车速为350km/h情况下的5.4Hz和12.15Hz两个频率。

下面对不同列车振动荷载频率、有无树根桩及渗水减弱地层等情况下,列车动载对隧道基底工后沉降和振动的影响进行分析。

### 9.2.4 不同列车振动荷载频率的影响分析

列车振动荷载频率取5.4Hz和12.15Hz(分别为车速350km/h时,18m和8m轴距产生的激振频率),不同频率及有无树根桩各工况下仰拱填充面各点最大沉降量见图9-6、最大振动速度见图9-7。

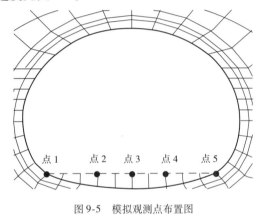

图9-5 模拟观测点布置图

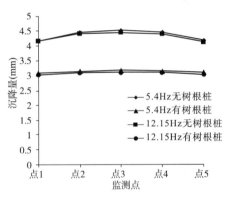

图9-6 不同频率及不同工况下各监控点最大沉降量

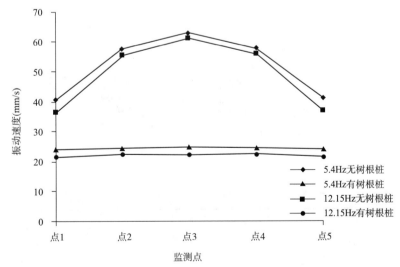

图9-7 不同频率及不同工况下各监控点最大振动速度

从图 9-6 和图 9-7 可以看出,有树根桩工况下仰拱填充面各测点振动速度及沉降量明显小于无树根桩工况,同种工况下,仰拱填充面各测点沉降量基本相等,但振动速度在无树根桩工况下相差较大,且越靠中间位置的测点的振动速度越大。下面只给出测点 3 在各工况下沉降量和振动速度的时程曲线,见图 9-8 ~ 图 9-11。另外,给出各工况下各测点的沉降量和振动速度汇总表,分别见表 9-4 和表 9-5。

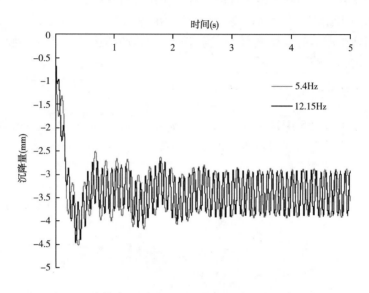

图 9-8  不同频率及无树根桩工况下测点 3 的沉降量时程曲线

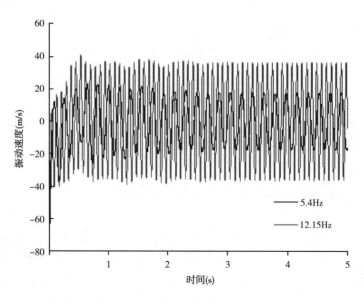

图 9-9  不同频率及无树根桩工况下测点 3 的振动速度时程曲线

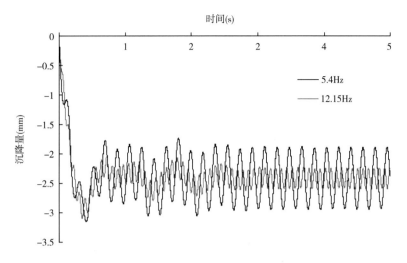

图 9-10　不同频率及有树根桩工况下测点 3 的沉降量时程曲线

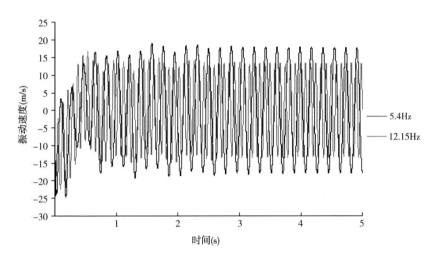

图 9-11　不同频率及有树根桩工况下测点 3 的振动速度时程曲线

**不同频率及各工况下各测点的沉降量汇总表**(单位:mm)　　表 9-4

| 测点编号 | 基底加固形式 | | | | | |
|---|---|---|---|---|---|---|
| | 无 树 根 桩 | | | 有 树 根 桩 | | |
| | 5.4Hz | 12.15Hz | 变化(%) | 5.4Hz | 12.15Hz | 变化(%) |
| 点 1 | 4.20 | 4.16 | 1.0 | 3.10 | 3.04 | 1.9 |
| 点 2 | 4.47 | 4.42 | 1.1 | 3.15 | 3.09 | 1.9 |
| 点 3 | 4.52 | 4.47 | 1.1 | 3.16 | 3.10 | 1.9 |
| 点 4 | 4.47 | 4.42 | 1.1 | 3.15 | 3.09 | 1.9 |
| 点 5 | 4.20 | 4.15 | 1.2 | 3.10 | 3.04 | 1.9 |

不同频率及各工况下各测点的振动速度汇总表(单位:mm/s)　　表 9-5

| 测点编号 | 基底加固形式 | | | | | |
| --- | --- | --- | --- | --- | --- | --- |
| | 无树根桩 | | | 有树根桩 | | |
| | 5.4Hz | 12.15Hz | 变化(%) | 5.4Hz | 12.15Hz | 变化(%) |
| 点 1 | 40.9 | 36.6 | 10.5 | 24.0 | 21.6 | 10.0 |
| 点 2 | 57.7 | 55.6 | 3.6 | 24.6 | 22.2 | 9.7 |
| 点 3 | 62.9 | 61.0 | 3.0 | 24.8 | 22.3 | 10.0 |
| 点 4 | 57.9 | 55.8 | 3.6 | 24.6 | 22.2 | 9.7 |
| 点 5 | 41.3 | 37.1 | 10.2 | 24.1 | 21.6 | 10.4 |

从图 9-8～图 9-11 及表 9-4、表 9-5 可看出,频率值越小,各测点相应的沉降量及振动速度越大,不过从影响程度上来说,频率对各测点振动速度的影响比对沉降量的影响大,但对振动速度的影响和振动幅度影响都较小,总体来说,低频激振对结构物产生的影响和危害要大于高频激振。

### 9.2.5 有无树根桩的影响分析

由前面不同列车振动荷载频率对仰拱填充面各测点沉降和振动速度的影响分析可知,低频激振对结构物产生的影响和危害要大于高频激振,所以下面各种分析的列车振动荷载频率只取 5.4Hz 情况。

有无树根桩工况下仰拱填充面各点最大沉降量见图 9-12、最大振动速度见图 9-13。同样,下面只给出有无树根桩工况下测点 3 的沉降量和振动速度的时程曲线,分别见图 9-14 和图 9-15;另外,给出有无树根桩工况下各测点的沉降量和振动速度汇总表,见表 9-6。

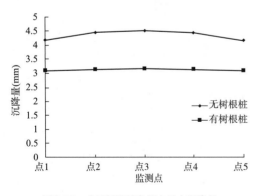

图 9-12　有无树根桩各测点最大沉降量

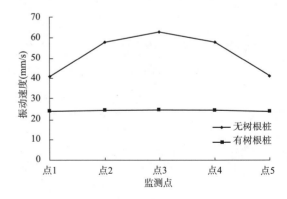

图 9-13　有无树根桩各测点最大振动速度

从图 9-12～图 9-15 及表 9-6 可以看出,有无树根桩工况下测点的沉降量及振动速度时程曲线很快达到一个稳定的振荡状态;无树根桩情况下仰拱填充面的最大沉降量及最大振动速度分别为 4.52mm 和 62.9mm/s,有树根桩情况下仰拱填充面的最大沉降量及最大振动速度分别为 3.16mm 和 24.8mm/s,即有树根桩情况下仰拱填充面的最大沉降量及最大振动速度比无树根桩情况下仰拱填充面的最大沉降量及最大振动速度相应减小30.1%和60.6%,采用树根桩加固隧道基底对控制仰拱填充面的沉降及减小振动速度作用都比较明显。有、无树根桩情况下仰拱填充面最大沉降量分别为3.16mm和4.52mm,都小于兰渝铁路仓园隧道工后基底沉降应控制在5mm以内要求,隧道基底是长期稳定的;有树根桩情况下仰拱填充面最大振动速度为24.8mm/s,小于《爆破安全规程》(GB 6722—2011)给出的30~40mm/s的混凝土结构安全允许振速,而无树根桩情况下仰拱填充面最大振动速度为62.9mm/s,大于《爆破安全规程》(GB 6722—2011)给出的30~40mm/s的混凝土结构安全允许振速,但都远小于《爆破安全规程》(GB 6722—2011)给出的100~200mm/s的交通隧道安全允许振速,基本满足高速列车运营安全的要求。

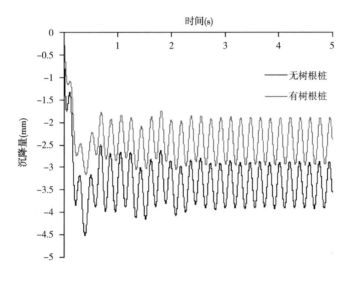

图9-14 有无树根桩工况下测点3的沉降量时程曲线

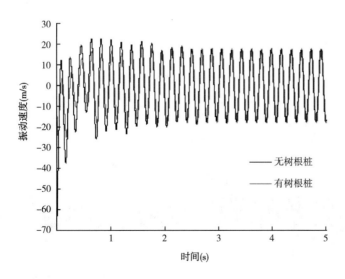

图9-15 有无树根桩工况下测点3的振动速度时程曲线

有无树根桩工况下仰拱填充面各测点的最大沉降量和振动速度　　　表 9-6

| 测点编号 | 沉降量（mm） | | | 振动速度（mm/s） | | |
| --- | --- | --- | --- | --- | --- | --- |
| | 无树根桩 | 有树根桩 | 变化（%） | 无树根桩 | 有树根桩 | 变化（%） |
| 点 1 | 4.20 | 3.10 | 26.2 | 40.9 | 24.0 | 41.3 |
| 点 2 | 4.47 | 3.15 | 29.5 | 57.7 | 24.6 | 57.4 |
| 点 3 | 4.52 | 3.16 | 30.1 | 62.9 | 24.8 | 60.6 |
| 点 4 | 4.47 | 3.15 | 29.5 | 57.9 | 24.6 | 57.5 |
| 点 5 | 4.20 | 3.10 | 26.2 | 41.3 | 24.1 | 41.6 |

### 9.2.6　渗水减弱地层的影响分析

因隧道穿越泥石流沟，必须考虑地表水对隧道围岩的影响，渗水减弱地层的参数见表 9-3，列车振动荷载频率仍然只取 5.4Hz 情况。

考虑渗水影响，地层参数降低后，有无树根桩工况下仰拱填充面各点最大沉降量见图 9-16、最大振动速度见图 9-17。同样，下面只给出有无树根桩工况下测点 3 的沉降量和振动速度的时程曲线，分别见图 9-18 和图 9-19；另外，也给出各测点的沉降量和振动速度汇总表，见表 9-7。

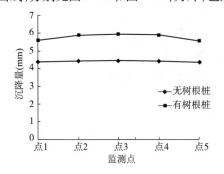

图 9-16　考虑渗水影响后有无树根桩各测点最大沉降量

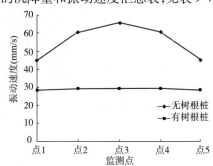

图 9-17　考虑渗水影响后有无树根桩各测点最大振动速度

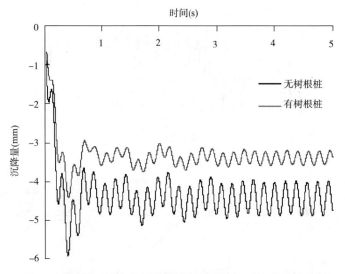

图 9-18　考虑渗水影响后有无树根桩工况下测点 3 的沉降量时程曲线

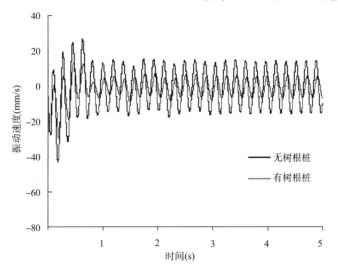

图 9-19 考虑渗水影响后有无树根桩工况下测点 3 的振动速度时程曲线

**考虑渗水影响后仰拱填充面各测点的最大沉降量和振动速度**　　　　表 9-7

| 测点编号 | 沉降量(mm) | | | 振动速度(mm/s) | | |
| --- | --- | --- | --- | --- | --- | --- |
| | 无树根桩 | 有树根桩 | 变化(%) | 无树根桩 | 有树根桩 | 变化(%) |
| 点 1 | 5.59 | 4.38 | 21.6 | 44.8 | 28.5 | 36.4 |
| 点 2 | 5.90 | 4.44 | 24.7 | 60.6 | 29.2 | 51.8 |
| 点 3 | 5.95 | 4.45 | 25.2 | 65.9 | 29.3 | 55.5 |
| 点 4 | 5.89 | 4.44 | 24.6 | 60.9 | 29.2 | 52.1 |
| 点 5 | 5.58 | 4.38 | 21.5 | 45.1 | 28.5 | 36.8 |

从图 9-16～图 9-19 及表 9-7 可以看出,考虑渗水影响,地层参数降低后,有无树根桩工况下测点的沉降量及振动速度时程曲线也很快达到一个稳定的振荡状态;无树根桩情况下仰拱填充面的最大沉降量及最大振动速度分别为 5.95mm 和 65.9mm/s,有树根桩情况下仰拱填充面的最大沉降量及最大振动速度分别为 4.45mm 和 29.3mm/s,即有树根桩情况下仰拱填充面的最大沉降量及最大振动速度比无树根桩情况下仰拱填充面的最大沉降量及最大振动速度相应减小 25.2% 和 55.5%,采用树根桩加固隧道基底对控制仰拱填充面的沉降及减小振动速度作用都比较明显。有树根桩情况下仰拱填充面最大沉降量为 4.45mm,小于兰渝铁路仓园隧道工后基底沉降应控制在 5mm 以内要求,仰拱填充面最大振动速度为 29.3mm/s,小于《爆破安全规程》(GB 6722—2003) 给出的 30～40mm/s 的混凝土结构安全允许振速,更远小于《爆破安全规程》(GB 6722—2003) 给出的 100～200mm/s 的交通隧道安全允许振速,隧道基底是长期稳定的,满足高速列车运营安全的要求。而无树根桩情况下仰拱填充面最大沉降量为 5.95mm,大于兰渝铁路仓园隧道工后基底沉降应控制在 5mm 以内要求,且仰拱填充面最大振动速度为 65.9mm/s,虽然小于《爆破安全规程》(GB 6722—2003) 给出的 100～200mm/s 的交通隧道安全允许振速,但大于《爆破安全规程》(GB 6722—2003) 给出的 30～40mm/s 的混凝土结构安全允许振速,对混凝土结构安全有一定影响,所以,考虑渗水对地层减弱的影响后,不对隧道基底采用树根桩加固不满足高速列车运营安全的要求。

## 9.3 小结

①穿越泥石流区域隧道基底加固采用树根桩加固较合理,可提高基底承载力,对墙脚支撑作用明显。

②频率值越小,各测点相应的沉降量及振动速度越大,且频率对各测点振动速度的影响比对沉降量的影响大,但对振动速度的影响和振动幅度影响程度都较小,总体上来说,低频激振对结构物产生的影响和危害要大于高频激振。

③有树根桩情况下仰拱填充面的最大沉降量及最大振动速度比无树根桩情况下仰拱填充面的最大沉降量及最大振动速度相应减小30.1%和60.6%,采用树根桩加固隧道基底对控制仰拱填充面的沉降及减小振动速度作用都比较明显。有、无树根桩情况下仰拱填充面最大沉降量都小于兰渝铁路仓园隧道工后基底沉降应控制在5mm以内要求,隧道基底是长期稳定的;有树根桩情况下仰拱填充面最大振动速度为24.8mm/s,小于《爆破安全规程》(GB 6722—2003)给出的30～40mm/s的混凝土结构安全允许振速,而无树根桩情况下仰拱填充面最大振动速度为62.9mm/s,大于《爆破安全规程》(GB 6722—2003)给出的30～40mm/s的混凝土结构安全允许振速,但都远小于《爆破安全规程》(GB 6722—2003)给出的100～200mm/s的交通隧道安全允许振速,基本满足高速列车运营安全的要求。

④考虑渗水影响,地层参数降低后,有树根桩情况下仰拱填充面的最大沉降量及最大振动速度比无树根桩情况下仰拱填充面的最大沉降量及最大振动速度相应减小25.2%和55.5%,采用树根桩加固隧道基底对控制仰拱填充面的沉降及减小振动速度作用都比较明显。有树根桩情况下仰拱填充面最大沉降量为4.45mm,仍小于兰渝铁路仓园隧道工后基底沉降应控制在5mm以内要求,仰拱填充面最大振动速度为29.3mm/s,小于《爆破安全规程》(GB 6722—2003)给出的30～40mm/s的混凝土结构安全允许振速,更远小于《爆破安全规程》(GB 6722—2003)给出的100～200mm/s的交通隧道安全允许振速,隧道基底是长期稳定的,满足高速列车运营安全的要求。而无树根桩情况下仰拱填充面最大沉降量为5.95mm,大于兰渝铁路仓园隧道工后基底沉降应控制在5mm以内要求,且仰拱填充面最大振动速度为65.9mm/s,虽然小于《爆破安全规程》(GB 6722—2003)给出的100～200mm/s的交通隧道安全允许振速,但大于《爆破安全规程》(GB 6722—2003)给出的30～40mm/s的混凝土结构安全允许振速,对混凝土结构安全有一定影响,所以考虑渗水对地层减弱的影响后,不对隧道基底采用树根桩加固不满足高速列车运营安全的要求。

# 第10章 泥石流堆积体隧道施工技术研究

## 10.1 概述

随着我国建设事业的发展,国家对交通工程基础建设投资规模日益加大,尤其是对西北和西南地区的公路、铁路基础设施投入,越来越多的隧道工程在山区的建设,不可避免地遇到需要穿越泥石流高发区的现象。对于隧道穿越长大泥石流冲沟的施工,采用合适的施工技术,制订安全有效的施工方案,避免可能发生的施工风险,已经成为隧道施工领域的一个新课题。

兰渝铁路仓园隧道在陇南武都汉王镇穿越了甘家沟泥石流沟。该泥石流沟形成于1952年,泥石流沟宽阔,是与云南蒋家沟泥石流沟齐名的大规模的泥石流沟。隧道穿越地段泥石流沟宽263m。泥石流堆积体厚度30m。由于双线铁路隧道施工断面大,施工中的塌方冒顶、突泥突水、下沉变形等各种风险特大。要求我们在施工中,反复研究,不断探索,并结合前面数值模拟计算分析,最终形成穿越泥石流堆积体一整套施工技术,顺利完成施工任务,保证工程质量和工期;并通过总结提升,形成了穿越泥石流堆积体施工工法。

## 10.2 施工流程及操作要点

结合前面数值分析,穿越泥石流堆积体洞周围岩加固采用地表深管注浆、洞内大管棚及小导管超前预支护及基底树根桩加固等施工措施,具体施工流程见图10-1。

### 10.2.1 地表深管注浆施工

地表深管注浆施工工艺流程见图10-2。

(1)施工准备

洞内要对掌子面进行封闭,通常采用混凝土止浆墙,厚度不小于1m,防止压浆时浆液漏出。也可以采用锚杆、挂网、喷混凝土作为止浆墙,喷混凝土厚度通常不小于30cm。

对地面进行整平,修建施工便道,施工用风、水、电准备,钻孔、压浆机械选型配置,人员配置,材料采购等准备工作。

(2)测量放线

测量队依据设计方案对钻孔进行编号,现场测放出每个钻孔孔位,采用木桩标定位置,并标定钻孔顺序和每个孔的钻进深度。通常按梅花形布置孔位。

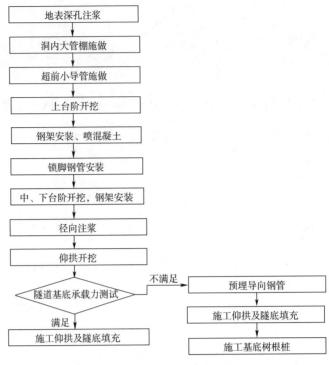

图 10-1 泥石流堆积体隧道施工流程

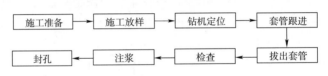

图 10-2 地表深管注浆施工工艺流程

(3) 钻机定位及钻进

场地夯实整平后,根据测量标定的位置钻机就位,安装时要保证钻机稳定、钻杆垂直。

(4) 钻孔

采用跟管钻机进行成孔。钻进过程中用水平尺经常检查钻杆垂直度、及时调整钻机机座,确保注浆孔垂直。及时测量钻进深度,应钻至设计标高下 0.5m。钻孔完成后,退出钻杆,并进行验孔,在注浆孔深度达到要求后及时下注浆管。

验孔主要检查孔深度和垂直度。要求深度不得小于设计,垂直度采用测斜仪检查,偏差不得超过 1%。

(5) 下注浆管及管口封堵

钻杆拔出后,立即安装注浆管。注浆管的管壁上应钻 10mm 的孔,间距 30cm,梅花形布置。钻孔的范围根据需要注浆的范围确定。管口通常要高出地面 0.5m,便于施工。安装千分表,用于压浆时测定注浆压力。

封管:注浆前先对孔口封堵。用 5mm 厚钢板焊接在注浆管尾端,在钢板上部贴近导向管管壁割一直径为 20mm 的圆孔,在圆孔处焊接 15cm 长、直径为 20mm 的钢管,注浆时,用 $\phi$30mm 高强胶管套住 $\phi$20 钢管进行注浆,同时在尾端做一止浆阀,便于封堵。

(6)参数试验

钻孔、注浆展开之前,应先做试验孔,确定浆液扩散半径、钻孔间距、浆液配比等参数,以达到最佳注浆效果。

当孔隙率较小、裂隙细微时,选用水泥基注浆材料,配以适当的外加剂混合而成,具有早强、高性能的水硬性胶凝材料,它扩散性强,可注入0.2mm以下裂隙;当孔隙率较大、裂隙宽度大于0.2mm时,选用胶凝时间为4~6min的水泥浆单液浆;当地下水流速很大时,则宜先注入惰性材料,如中、粗砂或岩粉等,以充填过水通道,增加浆液流动阻力,减少跑浆,然后注入水泥浆堵水。堵水措施是将动水变为相对静水时再行注浆,即设置堵截墙,使用水泥—水玻璃双液浆快速胶凝堵水。

注浆管与孔壁之间的空隙应用水泥砂浆或黏土、麻丝填塞,防止漏浆。也可以采用双液浆注入封堵。

(7)浆液配制及要求

水泥浆的配制:浆液配制时,按浆液配合比称量加料,力求数量准确,加料顺序为先加水,在搅拌机搅拌的情况下加入水泥。注意浆液搅拌均匀,倒入储浆筒时,必须经过筛网过滤,严禁包装纸及块状水泥进入储浆筒,浆液配比为水泥:水 = 1:0.7。

水玻璃配制:先检测采购的水玻璃浓度,一般要求的浓度是 35~40°Be。当购进的水玻璃高于35~40°Be 范围时,加水稀释至 35~40°Be,稀释时,边加水边搅拌,边用玻美计测量。

浆液比例为水玻璃:水泥:水 = 1:1:0.7。

(8)压浆

按计划一个作业段的注浆管全部施作完成后,再开始注浆。注浆采用全孔封闭整体注浆,注浆压力控制在1.5MPa。使用压浆泵将双液浆注入注浆管,通过注浆管道上的开孔而透入土层孔隙中,水泥浆应连续一次压入,不得中断。

注浆时,先注周边孔,以形成周边止浆墙,防止跑浆。注浆用GZJB型液压注单、双液浆。

(9)注浆结束标准

采用注浆终压和流量控制注浆是否结束,当压力达到3MPa后,并且流量很小,吸浆量小于1L/m,而注浆压力升高且持续10min后,即可结束该孔注浆。

### 10.2.2 超前大管棚施工

超前大管棚施工主要工艺流程:放样布孔、搭设钻孔平台、安装钻机、钻孔、清孔、验孔、安装管棚钢管、安装钢筋笼、注浆。

(1)放样布孔

用全站仪以坐标法在开挖轮廓线上定出各孔眼的位置,相邻孔眼间环向间距40cm,用红油漆画十字作为标志。

(2)安装钻机并定位

利用掌子面预留的核心土,整平后作为钻机作业平台,以便安装钻机。钻机定位:采用XY-2PCG型钻机,钻孔之前必须精确核定钻机位置,钻机机身方向要求与拟钻孔的孔眼方向平行。通常用全站仪、挂线、钻杆导向架相结合的方法,反复调整,确保钻机钻杆轴线与孔口管轴线相吻合。

(3)钻孔

①钻头选择:为了便于 $\phi 108mm$ 钢管的安装,钻头直径采用 $\phi 115mm$。

②钻孔:开钻时可采用低速低压,待成孔 1m 后可根据地质情况逐渐加大钻速及风压。钻进过程中根据钻机钻进的感觉及时判断成孔质量,钻进时如产生坍孔、卡钻,需补注浆后再钻进。钻进过程中确保动力器、扶正器、合金钻头按同心圆钻进。钻孔深度每个循环一般为 25~30m。

③钻孔记录:钻进过程认真观察并做好记录,及时对孔口岩屑进行地质判断、描述。钻孔记录可作为开挖洞身的地质预探预报资料,是指导洞身开挖的依据。

④钻孔顺序:从拱顶开始,向一侧拱脚推进。钻孔角度应与隧道轴线夹角 30°~10°。

(4)清孔、验孔

①用地质岩芯钻杆配合钻头($\phi 115mm$)进行来回扫孔,清除浮渣至孔底,确保孔径、孔深符合要求,防止堵孔。

②用高压气从孔底向孔口清理钻渣。

③用全站仪、测斜仪检测孔深,外插角。

(5)安装钢管

①提前加工钢管接头丝扣,丝扣长度 15cm。导管钻设 2 排孔径 12mm 注浆孔(靠孔口 2.05m 处的棚管不钻孔),孔间距 10~20cm,呈梅花形布置。管头焊成圆锥形,便于入孔。

②钢管插入钻孔后,采用装载机或管棚机钻顶进孔中。顶进困难时,可以利用钻机的冲击力和推力低速顶进钢管。

③钢管接长:采用丝扣接长,相邻钢管的接头应前后错开,至少错开 1m 以上。同一横断面内的接头数不大于 50%。为使钢管错接,在配管设计时,必须考虑不同长度的钢管配置。

(6)安放钢筋笼

安装好钢花管后,把提前制作好的钢筋笼安装到钢管内。钢筋笼用外径 $\phi 50$、壁厚 8mm 的钢管做固定环,固定环外侧 $\phi 22$ 钢筋按环向 120°焊接在固定环外侧。

(7)管口封堵

与前面地表深管注浆的管口封堵一样。

(8)注浆

①浆液制备:采用水泥单液浆,浆液由专用制浆机拌制。配合比须经试验室试验确定。通常采用的配合比为水泥浆:水灰比=1:1。

②采用注浆机将砂浆注入管棚钢管内,初压 0.5~1.0MPa,终压 2MPa,持压 15min 后停止注浆。注浆过程中若注浆量超限,未达到压力要求,应调整浆液浓度继续注浆,直至符合注浆质量标准,确保钻孔周围岩体与钢管周围孔隙均被浆液充填,方可终止注浆。

③注浆量应满足设计要求,一般为钻孔圆柱体的 1.5 倍;若注浆量超限,未达到压力要求,应调整浆液浓度继续注浆,确保钻孔周围岩体与钢管周围孔隙充填饱满。

④注浆时先灌注"单"号孔,再灌注"双"号孔,注浆结束后及时清除管内浆液,并用 30 号水泥砂浆充填,增强管棚的刚度和强度。

(9)施工注意事项

①钻孔前,精确测定孔的平面位置、倾角、外插角。并对每个孔进行编号。

②钻孔仰角的确定应视钻孔深度及钻杆强度而定,一般控制在1°,钻机最大下沉量及左右偏移量为钢管长度的1%左右,并控制在20~30cm。

③严格控制钻孔平面位置,管棚不得侵入隧道开挖线内,相邻的钢管不得相撞和立交。

④经常量测孔的斜度,发现误差超限及时纠正,至终孔仍超限者应封孔,原位重钻。

⑤掌握好开钻与正常钻进的压力和速度,防止断杆。

⑥在遇到松散的堆积层和破碎地质时,在钻进中可以考虑增加套管护壁,确保钻机顺利钻进和钢管顺利顶进。

⑦布孔前需要考虑预留沉降量。设计有规定时,按设计值预留,设计没有规定时,按围岩变形观测值分析后酌情考虑。

### 10.2.3 超前小导管施工工艺

超前小导管施工工艺流程见图10-3。超前小导管施工工序主要包括放样布孔、钻孔、清孔、验孔、安装小导管、注浆。

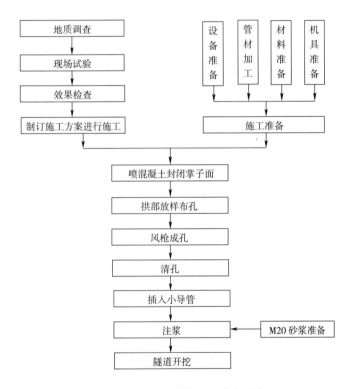

图10-3 超前小导管施工工艺流程图

(1)放样布孔

使用全站仪在掌子面开挖轮廓线上测量放样,确定每个孔眼的位置,用红油漆标注,环向间距40cm。

(2)钻孔清孔

采用风枪钻孔,钻孔孔径较设计导管管径大20mm以上,角度斜向上5°~10°,钻至设计深度后,采用高压水冲洗孔壁,确保孔内光滑无渣。

（3）制作钢花管

小导管前端做成尖锥形，尾部焊接 φ6mm 钢筋加劲箍，管壁上每隔 15cm 梅花形钻眼，眼孔直径为 6～8mm，尾部长度不小于 100cm 作为不钻孔的止浆段。注浆小导管结构图见图 10-4。

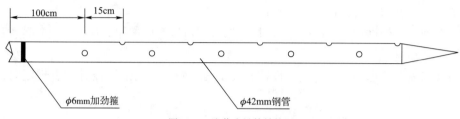

图 10-4　注浆小导管结构图

（4）装管

成孔后，将小导管按设计要求插入孔中，或用凿岩机直接将小导管从型钢钢架上部、中部打入，外露 20cm 支撑于开挖面后方的钢架上，与钢架共同组成预支护体系。

（5）注浆

①采用 KBY-50/70 型注浆泵压注水泥浆或水泥砂浆。注浆前先喷射混凝土 5～10cm 厚封闭掌子面，形成止浆盘。

注浆前先冲洗管内沉积物，由下至上顺序进行。单孔注浆压力达到设计要求值，持续注浆 10min 且进浆速度为开始进浆速度的 1/4 或进浆量达到设计进浆量的 80% 及以上时注浆方可结束。

注浆施工中，认真填写注浆记录，随时分析和改进作业，并注意观察施工支护工作面的状态。注浆参数应根据注浆试验结果及现场情况调整。

注浆参数可参照以下数据进行选择：

| | |
|---|---|
| 注浆压力 | 一般为 0.5～1.0MPa |
| 浆液初凝时间 | 1～2min |
| 水泥 | P.O 42.5 普通硅酸盐水泥 |
| 砂 | 中砂 |

②注浆异常现象处理：

a. 串浆时及时堵塞串浆孔。

b. 泵压突然升高时，可能发生堵管，应停机检查。

c. 进浆量很大，压力长时间不升高，应重新调整砂浓度及配合比，缩短胶凝时间。

（6）施工允许偏差

超前小导管施工允许偏差应符合表 10-1 的规定。

超前小导管施工允许偏差　表 10-1

| 序号 | 项目 | 允许偏差 |
|---|---|---|
| 1 | 方向角 | 2° |
| 2 | 孔口距 | ±50mm |
| 3 | 孔深 | +50,0mm |

检查数量：施工单位每环抽查 3 根。

检查方法：仪器测量、尺量。

（7）注意事项

①施工期间，尤其在注浆时，应对支护的工作状态进行检查。当发现支护变形或损坏时，应立即停止注浆，采取措施。

②注浆结束 4h 后,方可进行掌子面的开挖。
③相邻两排小导管搭接长度应符合设计要求,且不小于 1m。
④钢管要与拱架焊接牢固,注浆后注浆孔要堵塞密实。

### 10.2.4 三台阶七步法施工工艺

三台阶七步法施工工艺流程见图 10-5,三台阶七步法施工工序示意图见图 10-6,三台阶七步法开挖三维示意图见图 10-7。

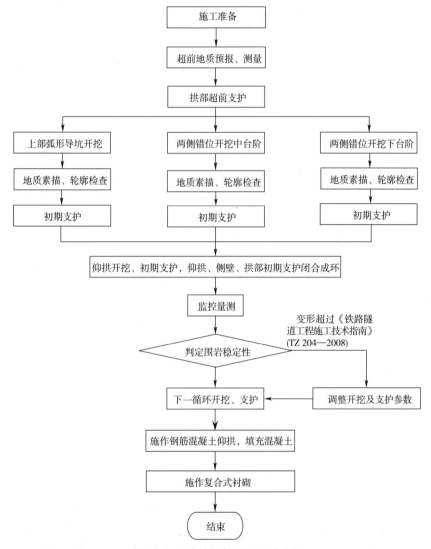

图 10-5 三台阶七步法施工工艺流程

(1)第一步:上部弧形导坑开挖。在拱部超前支护后进行,环向开挖上部弧形导坑,注意拱脚部位初期支护厚度按设计尺寸加厚,预留核心土,核心土长度为 3～5m,宽度为隧道开挖宽度的 1/3～1/2。开挖循环进尺控制在一个钢拱架间距,开挖后立即初喷 3～5cm 混凝土。开挖后应及时进行喷、锚、网系统支护,架设钢架,在钢架拱脚以上 30cm 高度处,紧贴钢架两侧边沿按下倾角 30°打设锁脚锚杆,锁脚锚杆与钢架牢固焊接,复喷混凝土至设计厚度。

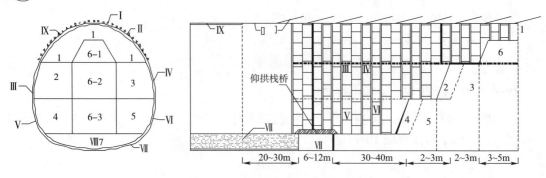

图 10-6 三台阶七步法施工工序示意图

1-上部弧形导坑开挖；2、3-中部两侧开挖；4、5-下部两侧开挖；6-1、6-2、6-3-上、中、下部核心土开挖；7-仰拱开挖；Ⅰ-超前支护；Ⅱ-上部初期支护；Ⅲ、Ⅳ-中部两侧初期支护；Ⅴ、Ⅵ-下部两侧初期支护；Ⅶ-仰拱初期支护；Ⅷ-仰拱及填充混凝土；Ⅸ-拱墙二次衬砌

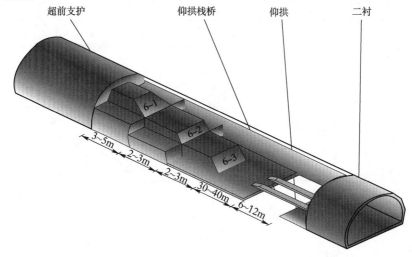

图 10-7 三台阶七步法开挖三维示意图

(2)第二、三步：左、右侧中台阶开挖。开挖循环进尺控制在1~2个钢架间距内，开挖高度为3~3.5m，左、右侧台阶错开2~3m，开挖后立即初喷3~5m混凝土，及时进行喷、锚、网系统支护，接长钢架，在钢架墙脚以上30cm高度处，紧贴钢架两侧边沿按下倾角30°打设锁脚锚杆，锁脚锚杆与钢架牢固焊接，复喷混凝土至设计厚度。

(3)第四、五步：左、右侧下台阶开挖。开挖循环进尺控制在1~2个钢架间距内，开挖高度为3~3.5m，左、右侧台阶错开2~3m，开挖后立即初喷3~5cm混凝土，及时进行喷、锚、网系统支护，接长钢架，在钢架墙脚以上30cm高度处，紧贴钢架两侧边沿按下倾角30°打设锁脚锚杆，锁脚锚杆与钢架牢固焊接，复喷混凝土至设计厚度。

(4)第六步：开挖上、中、下台阶预留核心土。各台阶分别开挖预留的核心土，开挖进尺与各台阶循环进尺相一致。

(5)第七步：开挖隧底。每循环开挖长度宜为2~3m，开挖后及时施作仰拱初期支护，完成隧底开挖、初期支护循环后，及时施作仰拱及仰拱回填，仰拱分段长度一般为4~6m。为了不影响车辆进出，采用栈桥过渡方案。

(6)施工控制要点：

①根据水文地质条件,严格按设计要求做好超前支护,控制好超前支护外插角,严格按注浆工艺加固地层,防止围岩松弛,保证隧道开挖在超前支护的保护下施工,确保隧道施工安全。

②弧形导坑应沿开挖轮廓线环向开挖预留核心土,以机械配合人工开挖为主,并以局部弱爆破进行辅助开挖。人工配合挖掘机从台阶上向下刨土。开挖后应及时支护;其他各分部交错开挖,交错施作初期支护,各分部初期支护衔接紧密,及时封闭成环;临时仰拱紧跟下台阶,及时闭合构成稳固的支护体系。

③施工过程通过监控量测,掌握围岩和支护的变形情况,及时指导调整支护参数和预留变形量,并保证施工安全,并确定二次衬砌施作时间。

### 10.2.5 大拱脚台阶法施工工艺

大拱脚台阶法施工工艺流程见图 10-8,大拱脚台阶法施工工序横断面见图 10-9。

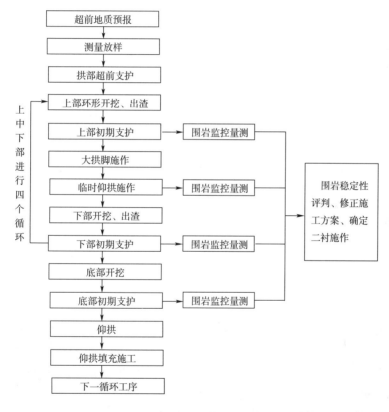

图 10-8 大拱脚台阶法施工工艺流程

大拱脚台阶法是在三台阶七步法的基础上对拱脚部位施工工艺调整而衍生出来的一种工法,施工步骤与三台阶七步法基本相同,主要的差异是在上台阶增设临时仰拱和对拱脚进行扩大,以此达到控制围岩的收敛和沉降变形,防止初支变形侵限和消除拆换拱的目的。

(1)先采用铣挖机开挖①部;而后施作①部台阶周边的初期支护和临时支护,即初喷 4cm 厚混凝土,铺设钢筋网,架立大拱脚钢架和工 18 临时钢架,并设锁脚锚杆;然后,钻设径向锚杆后,复喷混凝土至设计厚度。

(2)采用破碎锤或弱爆破开挖②部;而后在台阶周边部分初喷4cm厚混凝土,铺设钢筋网,接长钢架,并设锁脚锚杆,然后,钻设径向锚杆后,复喷混凝土至设计厚度。

(3)在滞后于②部一段距离后,采用破碎锤或弱爆破开挖③部,而后施作隧底喷混凝土。

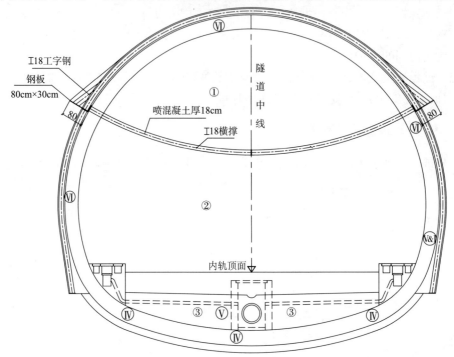

图10-9 大拱脚台阶法施工工序横断面图

(4)根据监控量测结果分析,待初期支护收敛后,拆除I18临时钢架,然后浇筑Ⅳ部仰拱与边墙基础。

(5)浇筑仰拱填充Ⅴ部至设计高度。

(6)利用衬砌模板台车一次性灌筑Ⅵ部衬砌(拱墙衬砌一次施作)。

(7)大拱脚台阶法施工注意事项:

①在工序变化处钢架应及时设锁脚锚杆,以确保钢架基础稳定和下台阶的安全,防止塌方。

②上台阶开挖高度为2~3m,矢跨比大于0.3,中台阶和下台阶开挖高度控制在3~5m,以便于施工机具人员的放置和操作。

③钢架之间纵向连接钢筋应及时施作并连接牢固。

④各步台阶开挖长度一般宜在5~10m,围岩条件变化时,可酌情缩短台阶长度,第③步开挖后,及时施作仰拱。

⑤I18横撑连接处或与钢架连接处均设钢垫板(240mm×200mm×15mm)。

⑥大拱脚采用钢垫板(800mm×300mm×15mm)与斜撑焊接,连成整体,大拱脚示意见图10-10。

⑦I18横撑为临时支护,施工中按两次倒换使用。

### 10.2.6 钢管锁脚施工工艺

隧道初支拱架拱脚部位是支撑结构的薄弱环节,不仅承受水平侧压力,同时还受到很大的竖向剪切力,采用普通的砂浆锚杆或小导管锁脚在抵抗水平挤压力方面有较明显的作用,但对于竖向剪切作用,则由于其杆体的薄弱性就难以提供足够的承载能力,为提高拱脚的稳定性,在实际施工中,采用了 $\phi 89$ 钢管进行锁脚,有效地控制了围岩的变形,保持了初支结构的稳定,取得了良好的效果。钢管锁脚施工工艺流程见图 10-11。

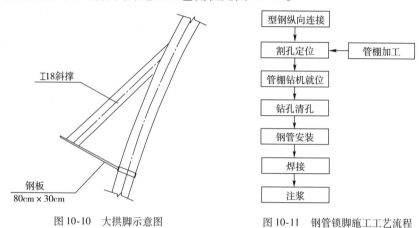

图 10-10　大拱脚示意图　　图 10-11　钢管锁脚施工工艺流程

(1) 型钢纵向连接

为保证锁脚钢管与初支钢架良好连接,如钢管直接与钢架焊接,由于焊接面很小,很容易从焊接部位拉裂断开,造成锁脚钢管与钢架的分离,失去锁脚的作用。为此,在台阶的拱脚部位,采用型钢或槽钢作为纵向连接,以此作为锁脚管棚与拱架的连接纽带,充分发挥整体锁脚作用。

(2) 割孔定位

在纵向连接型钢上靠近钢架的位置采用气割方式进行割孔,孔径大小要满足 $\phi 115mm$ 钻头通过。

(3) 管棚钻机就位

挖掘机平整台阶和修筑爬坡道,采用 GL-6000 型履带式全液压工程钻机进行钻孔,操纵移动钻机使钻头穿过预留的孔眼,调整角度确保钻进顺利。

(4) 钻孔清孔

斜向下钻孔,角度控制在 30°～45°,钻孔深度 5～6m,每榀拱架左右两侧各设置一根,钻设计深度后,采用高压风清孔,将孔内碎渣吹出。

(5) 钢管安装

采用钻机和挖掘机配合将钢管推送入孔,尾端外露 10～15cm,确保钢管从型钢预留孔中穿过,同时要尽量靠近初支钢架,而后采用 $\phi 22$ 钢筋从钢管外露端头穿过,同时将型钢与 $\phi 22$ 钢筋和 $\phi 89$ 钢管焊接成一体,严格控制焊缝质量。

(6) 注浆

采用 KBY-50/70 型注浆泵压注水泥浆。注浆前先喷射混凝土 5～10cm 厚封闭,形成止浆盘。注浆压力达到设计要求值,持续注浆 10min 且进浆速度为开始进浆速度的 1/4 或进浆量达到设计进浆量的 80% 及以上时注浆方可结束。

### 10.2.7 树根桩施工工艺

隧道地基承载力不足时,为满足设计承载力要求同时消除日后运营隐患,可采用树根桩加固工艺对仰拱基底进行加固。树根桩施工工艺流程见图 10-12。

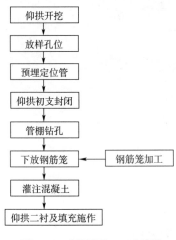

图 10-12 树根桩施工工艺流程

(1) 孔眼放样

仰拱开挖到设计深度后,放样确定每孔树根桩的位置,孔眼间距 0.8m,呈梅花形布置,灰点洒好后,对应灰点预埋塑料定位管,而后进行仰拱初支钢架和喷射混凝土的施作。

(2) 钻孔

初支封闭后,在仰拱初支混凝土表面上采用管棚钻机对准预埋的导向管向下钻孔,确保钻孔垂直,钻至设计深度(2~9.6m),钻孔过程要防止塌孔或缩孔问题。

(3) 钢筋笼安装

在加工厂制作钢筋笼,钢筋笼直径为 120mm,由 4 根 $\phi16$ 主筋和 $\phi8$ 箍筋组成,箍筋间距 15cm;将加工好的钢筋笼沿孔眼下放,钢筋笼顶端伸出仰拱初支表面 10cm,以和后期绑扎的仰拱二衬钢筋形成一体。

(4) 灌注混凝土

在拌和站集中拌制 C25 细骨料混凝土,在钢筋笼中间设置 PVC 管作为溜槽,边灌注边提升 PVC 管,同时,人工采用钢筋棍或小型振捣棒进行振捣,确保混凝土密实。

(5) 仰拱封闭

灌注完成后进行仰拱二衬和填充的施作;树根桩每次施工的段落与仰拱开挖段落一致,不得大于 3m。

(6) 其他

按设计树根桩应该在仰拱开挖后立即施作,考虑到树根桩的钻设、安装及浇筑过程较长,仰拱开挖后需间隔较长时间才能封闭,容易造成隧道大断面悬空的危险,为此在实际施工中对施工顺序进行了调整,即仰拱开挖后立即施作初支拱架和喷射混凝土,同时,采用塑料管预留钻孔位置,而后在仰拱初支封闭的保护下完成树根桩的施作,树根桩施作完成后再绑仰拱二衬钢筋和浇筑二衬混凝土,最终完成基底加固和仰拱封闭工作。

## 10.3 工艺原理及工法特点

通过对穿越泥石流堆积体隧道施工流程详细叙述,可以看出其工艺原理及工法特点。

### 10.3.1 工艺原理

①通过地表深管注浆技术,在洞室周围一定范围内注入水泥—水玻璃双液浆,填充并固

结泥石流堆积物之间的空隙,形成帷幕,封堵地下水,使洞室周围一定范围内形成无水区,达到重造围岩、改造工程地质结构、提高围岩强度的目的。

②通过大管棚、超前小导管注浆预支护技术,在开挖轮廓处形成一个棚架结构,保护开挖后形成的工作面,防止掌子面出现坍塌,解决围岩自稳能力低、容易坍塌的问题。

③采用大拱脚和大直径钢管锁脚等方法,控制围岩变形,解决围岩强度低、拱脚容易沉降,出现大变形问题。

④通过拱墙径向注浆,提高围岩自身的强度,解决围岩自身承载能力低的问题。

⑤通过隧道底部树根桩加固技术,提高隧道底部围岩强度,解决泥石流地段基底承载能力不足的问题。

### 10.3.2 工法特点

①综合多种成熟技术,采取地表深管注浆施工技术重新改良围岩、增强围岩强度,解决泥石流堆积体稳定性差、孔隙率大、富含地下水、强度低、突泥突水问题;采取大管棚与超前小导管预支护施工技术,预防掌子面塌方、解决围岩自稳能力低,掌子面易出现坍塌、冒顶问题;采取大直径钢管锁脚控制变形,解决软弱围岩初支结构大变形问题;需要采取径向注浆改造围岩,提高其强度;基底需要采取树根桩加固措施,防止结构工后沉降。

②适应性强,根据不同泥石流沟的形态和隧道不同的穿越部位,通过工艺取舍,工法适当调整,可适应公路、铁路、单线、双线等各种断面形式的隧道穿越泥石流沟。

③采用常规的施工机具,既有的成熟技术,便于掌握,易于推广,施工难度低。

④采用监控量测技术,时刻掌控变形情况,安全受控。

⑤与大开挖法、CRD法、洞内水平旋喷等方法比较,成本低,进度快,安全性高,对环境的影响小。

## 10.4 小结

①通过在施工过程中,反复研究,不断探索,并结合前面数值模拟计算分析,最终形成穿越泥石流堆积体一整套施工技术;掌握其工法的施工工艺原理及工法特点,并通过总结提升,形成了穿越泥石流堆积体施工工法。

②本工法适用于公路、铁路、单线、双线各种断面的隧道穿越各种形式的泥石流沟、泥石流堆积体,适用于各种埋深条件下,以各种方式穿越泥石流沟。

# 第 11 章 泥石流堆积体隧道施工监控量测技术

在隧道施工过程中,隧道的每一步开挖,都会对隧道围岩产生一定的扰动,从而导致隧道产生变形,因此,隧道周边的变形直接反应隧道的稳定性。

现场监控量测是隧道施工管理的重要组成部分,它不仅能指导现场施工,预报险情,确保施工安全,为修正和确定初期支护参数、衬砌支护时间提供依据,还能为隧道工程设计与施工积累资料,为今后的设计和施工提供类比依据,因此必须做好现场监控量测工作。

## 11.1 监测项目及测点布置

本隧道主要对地表沉降、拱顶下沉及水平收敛这几项必测项目进行监控量测,其中地表沉降在 DK378 + 380、DK378 + 400、DK378 + 420 及 DK378 + 440 等四个断面布置,每个断面上布置 5 个测点(测点间距 5.0m)。拱顶下沉与水平收敛组合在同一个测试断面里,布置断面间距为 5 ~ 10m,隧道地表沉降及周边位移监测点布置图见图 11-1。

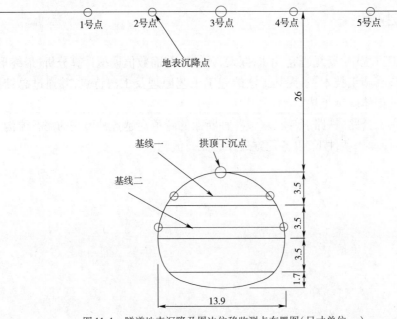

图 11-1　隧道地表沉降及周边位移监测点布置图(尺寸单位:m)

## 11.2 监测仪器及监测方法

(1)隧道地表沉降

隧道地表沉降采用水准仪及水准尺进行量测。

(2)隧道拱顶下沉

隧道拱顶下沉采用全站仪进行非接触式量测。上台阶开挖后,在型钢拱架的拱顶焊接细钢筋,设置反标标志作为拱顶沉降测点。

(3)隧道水平收敛

隧道水平收敛采用收敛计进行量测,其量测两点之间的相对位移值,来反映围岩位移动态。

隧道拱顶下沉及水平收敛测点布置要求开挖后尽快埋设,并测取初读数,要求12h内完成,并要求测点(测试断面)应尽可能靠近开挖面,要求在2m以内。量测频率变形速率较大时为2~3次/天,变形速率正常时为1次/天。

## 11.3 监测结果及分析

### 11.3.1 地表沉降分析

DK378+380、DK378+400、DK378+420及DK378+440等四个断面处隧道埋深基本差不多,埋深约为26m。DK378+380、DK378+400及DK378+420断面地表监测点布置时间为2009年10月18日,DK378+440断面地表监测点布置时间为2009年11月13日,而2009年10月18日时隧道已施工到DK378+387里程位置,即隧道施工已超过DK378+380,但未达到DK378+400及DK378+420断面。

DK378+380、DK378+400、DK378+420及DK378+440等四个断面的地表沉降随时间关系曲线分别见图11-2~图11-5。四个断面处各测点地表沉降最大值见图11-6。

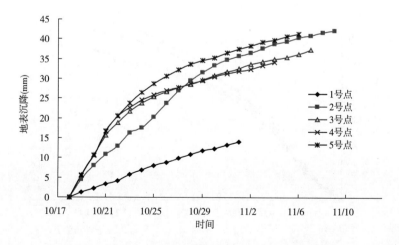

图11-2 DK378+380断面地表沉降随时间关系曲线(2009年)

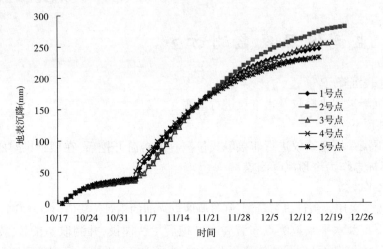

图 11-3　DK378+400 断面地表沉降随时间关系曲线(2009 年)

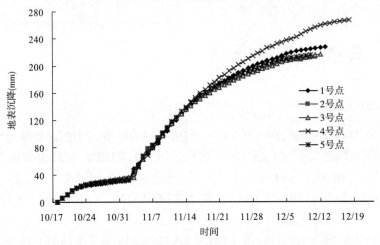

图 11-4　DK378+420 断面地表沉降随时间关系曲线(2009 年)

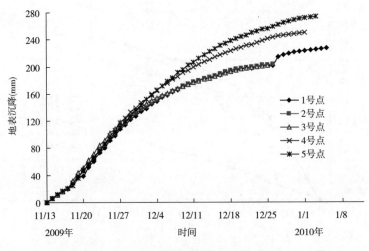

图 11-5　DK378+440 断面地表沉降随时间关系曲线(2009~2010 年)

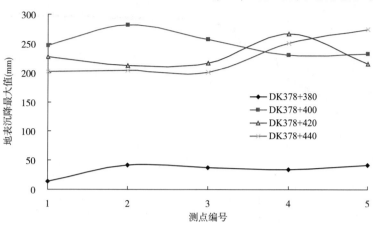

图 11-6 四个断面处各测点地表沉降最大值

从图 11-2 ~ 图 11-6 可知，隧道施工方向是从里程 DK378+380 断面往里程 DK378+440 断面施工，DK378+380 断面地表沉降与其他三个断面相比，各点地表沉降相应小很多，而其他三个断面各点最大地表沉降基本差不多，其值在 200~280mm，地表沉降值较大，这主要是因隧道埋深浅，围岩较差造成，实际施工中应注意量测，并做好地表流水的处理，防止地表水下渗，进一步恶化围岩。DK378+380 断面与相邻断面埋深差不多，约为 26m，但其地表沉降比相邻断面地表沉降小很多，这主要是因为 DK378+380 断面地表测点布置较晚，隧道已开挖到 DK378+387 断面时才布置。而 DK378+400 和 DK378+420 断面地表沉降随时间关系曲线前段较缓，这也与断面监测点布置时间密切相关，这两个断面在布置监测点时，隧道才开挖到 DK378+387 断面处。

### 11.3.2 拱顶下沉分析

隧道起止里程为 DK378+170 ~ DK378+885，隧道开挖是由兰州端向重庆端施工，各段施工工法及隧道拱顶下沉沿隧道纵向分布见图 11-7，同时给出拱顶下沉量非常大的两个断面 DK378+432 及 DK378+574 的拱顶下沉随时间的关系曲线，分别见图 11-8 和图 11-9，拱顶下沉量按区段划分饼状图见图 11-10。

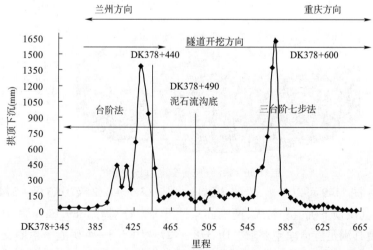

图 11-7 隧道拱顶下沉沿隧道纵向分布

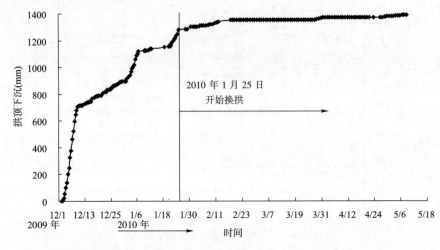

图 11-8　DK378+432 断面隧道拱顶下沉随时间的关系曲线(2009~2010 年)

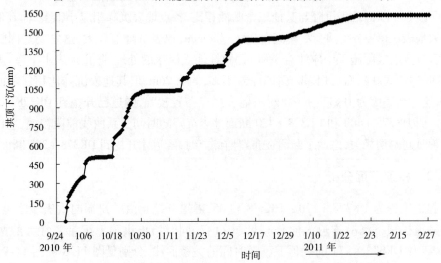

图 11-9　DK378+574 断面隧道拱顶下沉随时间的关系曲线(2010~2011 年)

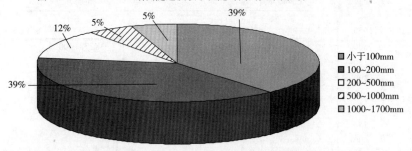

图 11-10　拱顶下沉量按区段划分饼状图

从图 11-7~图 11-9 可以看出,沿隧道纵向,在 DK378+432 及 DK378+574 两断面附近,隧道围岩破碎,其拱顶下沉值非常大,两断面累计下沉量分别为 1389.6mm 和 1626.0mm,并采取换拱等措施使其满足隧道净空要求。DK378+427~DK378+440 范围初期支护严重变形及开裂,拱顶上 8~9m 形成空腔,且有继续发展的趋势,对下步的施工造成安全威胁。施工中随着离泥石流冲沟沟心(DK378+490)越来越近,洞内掌子面近乎饱水,地表局部发生沉陷,造成施工人员极大的安全隐患,地表下存在大量的空腔和裂缝,掌子面围岩无法自稳,随时有坍塌的趋势。为了施工安全,经过工法比选及实际施工情况,从 DK378+440 开始采用三台阶七步法施工,并综合勘查设计资料与目前掌子面的情况,制订了仓园隧道采用地表加固、结合洞内超前小导管与管棚注浆的施工工艺,为确保后期铁路运营的安全,对该段内的地基采用树根桩进行加固处理。

从图 11-10 可以看出,拱顶下沉值小于 100mm 的量测断面占总断面数 39%,拱顶下沉值为 100~200mm 的量测断面占总断面数 39%,拱顶下沉值为 200~500mm 的量测断面占总断面数 12%,拱顶下沉值为 500~1000mm 的量测断面占总断面数 5%,拱顶下沉值大于 1000mm 的量测断面占总断面数 5%,即拱顶下沉值小于 200mm 的量测断面占总断面数 78%,拱顶下沉值为 200~500mm 的量测断面占总断面数 12%,拱顶下沉值大于 500mm 的量测断面占总断面数 10%。采取各种辅助施工措施后,绝大部分量测断面的拱顶下沉值都小于 200mm,变形可控,对于少部分量测断面拱顶下沉值过大、不满足隧道净空要求的,采取换拱等补救办法。

### 11.3.3 水平收敛分析

隧道起止里程为 DK378+170~DK378+885,隧道开挖是由兰州端向重庆端施工,各段施工工法及隧道水平收敛沿隧道纵向分布见图 11-11,同时给出水平收敛量非常大的两个断面 DK378+432 及 DK378+437 的水平收敛随时间的关系曲线,分别见图 11-12 和图 11-13,水平收敛量按区段划分饼状图见图 11-14。

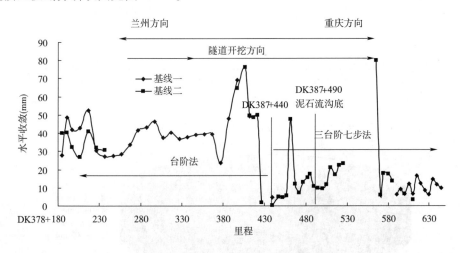

图 11-11 隧道水平收敛沿隧道纵向分布

从图 11-11~图 11-13 可以看出,在 DK378+432 及 DK378+437 两断面处,隧道围岩破碎,其水平收敛值非常大,两断面累计水平收敛量分别为 301.35mm 和 217.50mm。从前面拱顶下沉分析可知,此断面附近拱顶下沉值也非常大,DK378+427~DK378+440 范围初期支护严重变形及开裂,拱顶上 8~9m 形成空腔,且有继续发展的趋势,对下步的施工造成安全威胁。从 DK387+440 开始采用三台阶七步法施工后,水平收敛值普遍变小。

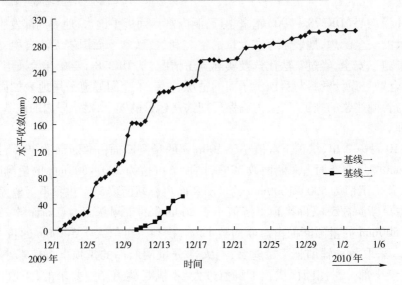

图 11-12　DK378+432 断面隧道水平收敛随时间的关系曲线(2009~2010 年)

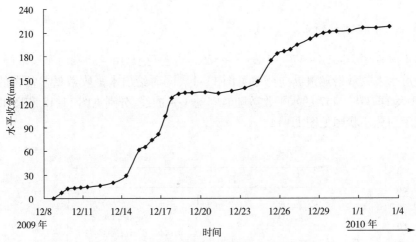

图 11-13　DK378+437 断面隧道水平收敛随时间的关系曲线(2009~2010 年)

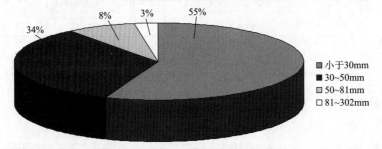

图 11-14　水平收敛量按区段划分饼状图

从图 11-14 可以看出,水平收敛值小于 30mm 占总数的 55%,水平收敛值在 30~50mm 的占总数的 34%,水平收敛值在 50~81mm 的占总数的 8%,水平收敛值在 81~302mm 的占总数的 3%,即水平收敛值小于 50mm 占总数的 89%;采取各种辅助施工措施后,绝大部分量测断面的水平收敛值都小于 50mm,变形可控,对于少部分量测断面水平收敛值过大,不满足隧道净空要求的,采取换拱等补救办法。

## 11.4 数值模拟结果与现场量测结果对比分析

计算模型选取的实际里程范围为 DK378+466~DK378+514,中间监测断面为 DK378+490。DK378+490 断面的拱顶下沉、水平收敛的数值模拟结果与现场量测结果见图 11-15~图 11-18。

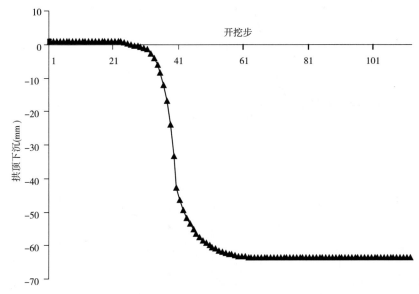

图 11-15　DK378+490 断面拱顶下沉与开挖步关系曲线(数值模拟结果)

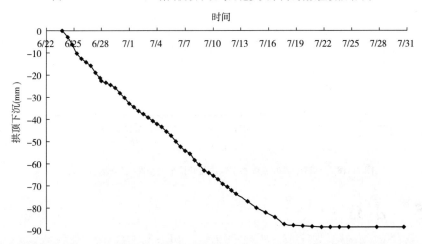

图 11-16　DK378+490 断面拱顶下沉与开挖步关系曲线(现场量测结果)

从图 11-15~图 11-18 可以看出,数值模拟的拱顶下沉与水平收敛曲线是全施工过程曲线,但曲线前部分变形平缓,变形值较小,当施工达到数值模拟监测断面时变形速率变大,而现场量测曲线变形速率一开始就较大,最终处于平缓;DK378+490 断面的拱顶下沉的数值模拟结果与现场量测结果分别为 63.7mm 和 88.8mm,DK378+490 断面的水平收敛的数值模拟结果与现场量测结果分别为 13.5mm 和 17.9mm；即数值模拟的结果比现场量测结果偏小，但相差不大，进一步说明数值模拟结果基本可信。

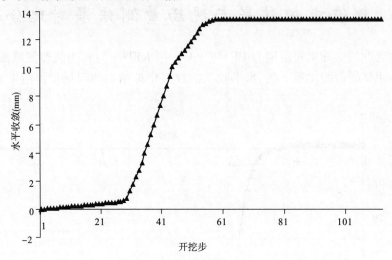

图 11-17　DK378+490 断面水平收敛与开挖步关系曲线（数值模拟结果）

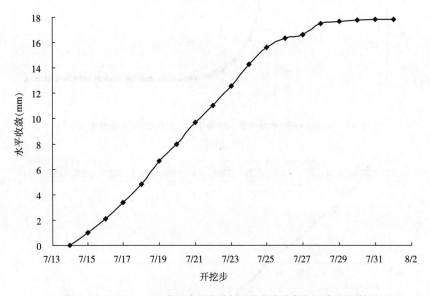

图 11-18　DK378+490 断面水平收敛与开挖步关系曲线（现场量测结果）

## 11.5　小结

①地表沉降值在 200~280mm，地表沉降值较大，这主要是因隧道埋深浅、围岩较差造成，实际施工中应注意量测，并做好地表流水的处理，防止地表水下渗，进一步恶化围岩。

②为了施工安全，经过工法比选及实际施工情况，调整施工方法，并综合勘查设计资料与目前掌子面的情况，制订了仓园隧道采用地表加固、结合洞内超前小导管与管棚注浆的施工工艺，为确保后期铁路运营的安全，对该段内的地基采用树根桩进行加固处理等辅助施工措施。

最终使除几个断面拱顶下沉与水平收敛值非常大外,绝大部分量测断面的变形值不大,变形可控,对于个别量测断面变形值过大,不满足隧道净空要求的,采取换拱等补救办法。

③数值模拟的拱顶下沉与水平收敛曲线是全施工过程曲线,但曲线前部分变形平缓,变形值较小,当施工达到数值模拟监测断面时变形速率变大,而现场量测曲线变形速率一开始就较大,最终处于平缓;数值模拟的结果比现场量测结果偏小,但相差不大,进一步说明数值模拟结果基本可信。

# 参 考 文 献

[1] 陈洪凯,唐红梅,马永泰,等. 公路泥石流研究及治理[M]. 北京:人民交通出版社,2004.

[2] 陈洪凯,唐红梅,沈忠仁,等. 公路泥石流防治工程技术指南[M]. 北京:科学出版社,2013.

[3] KOVARI K, ERRONEOUS. Concepts behind the new austrian tunneling method[J]. Tunnels & Tunneling,1994,11:38 – 41.

[4] 喻波,王呼佳. 压力拱理论及隧道深浅埋划分方法研究[M]. 北京:中国铁道出版社,2008.

[5] 王新敏. ANSYS 工程结构数值分析[M]. 北京:人民交通出版社,2007.

[6] 曲世韡. 深埋城市地铁隧道对地层变形的影响及压力拱形成规律研究[D]. 北京:北京交通大学土木工程学院,2009.

[7] 重庆交通科研设计院. JTG D70—2004 公路隧道设计规范[S]. 北京:人民交通出版社,2004.

[8] 黄义,何芳社. 弹性地基上的梁、板、壳[M]. 北京:科学出版社,2005.

[9] 李世辉. 隧道围岩稳定系统分析[M]. 北京:中国铁道出版社,1991.

[10] 章光,朱维申. 参数敏感性分析与实验方案优化[J]. 岩土力学,1993,14(1):51 – 58.

[11] 张里千. 正交法与应用数学[M]. 北京:科学出版社,2005.

[12] 李柏年,吴礼斌. MATLAB 数据分析方法[M]. 北京:机械工业出版社,2012.

[13] 李卫东. 应用多元统计分析[M]. 北京:北京大学出版社,2008.

[14] 谢宇. 回归分析[M]. 北京:社会科学文献出版社,2010.

[15] 赵明. 多元线性回归预测及其检验在 EXCEL 中的实现[J]. 吉林化工学院学报,2003,20(2):85 – 87.

[16] 王明年,林国进,于丽,等. 隧道抗震与减震[M]. 北京:科学出版社,2012.

[17] ST JOHN,TF ZAHRAH. A seismic design of underground structures[J]. Tunnelling and Underground Space Technology,1987,2(2):25 – 28.

[18] 于翔,陈启亮,赵跃堂,等. 地下结构抗震研究方法及其现状[J]. 解放军理工大学学报,2000,11(51):63 – 69.

[19] 陈贵红. 沉管隧道抗震数值分析[D]. 成都:西南交通大学土木工程学院,2002.

[20] 王义军. 国道318线黄草坪隧道地震动力响应及减震措施研究[D]. 成都:成都理工大学土木工程学院,2005.

[21] 于翔,陈启亮. 地下结构抗震研究方法及其现状[J]. 解放军理工大学学报,2000,1(5):63 – 69.

[22] 张建民,张嘎. 土体与结构物动力相互作用研究进展[J]. 岩石力学与工程学报,2001,20(增1):854 – 865.

[23] 潘昌实. 隧道地震灾害综述[J]. 隧道及地下工程,1990,11(2):1-9.

[24] 路仕洋. 宝成铁路宝鸡—广元段隧道震害的调查与分析[J]. 国防交通工程与技术, 2008,1(6):59-61.

[25] NINA NFOTIEVA, NIKOLAI S. Bulychev, Aseismic design of tunnel structures. VI Symp [J]. On Earthquake Engineering, University of Roorkee, 1978,11(1):5-7.

[26] 王浩. 回采巷道松软破碎围岩注浆加固与支护技术研究[D]. 徐州:中国矿业大学土木工程学院,2008.

[27] 秦爱芳,李永圃,陈有亮. 上海地区基坑工程中的土体注浆加固研究[J]. 土木工程学报, 2000,14(1):69-72.

[28] 张利. 华北地区深井巷道注浆加固分类研究[D]. 石家庄:河北工程大学土木工程学院,2012.

[29] 冯志强. 破碎煤岩体化学注浆加固机理分析及应用[J]. 煤炭科学技术,2008,22(10):32-35.

[30] 曹胜根,刘长友. 高档工作面断层破碎带顶板注浆加固技术[J]. 煤炭学报,2004,12(5):545-549.

[31] 宋海涛,张益东,朱卫国. 锚杆支护现状及其发展[J]. 矿山压力与顶板管理,1999,22(1):3-5,89.

[32] 康红普,王金华,林健. 煤矿巷道锚杆支护应用实例分析[J]. 岩石力学与工程学报, 2010,9(4):649-664.

[33] 李杰. 浅埋暗挖法地铁隧道预加固技术对比研究[D]. 北京:北京交通大学土木工程学院,2012.

[34] 李化云,张志强,王志杰,等. 浅埋大跨隧道预加固措施相似模型试验研究[C]. 中国工程院土木、水利与建筑工程学部、中国岩石力学与工程学会安全与防护分会,2012:6.

[35] 汪磊. 胶州湾海底隧道预注浆加固不良地质段的稳定性分析[D]. 北京:北京交通大学土木工程学院,2009.

[36] 孔恒. 城市地铁隧道浅埋暗挖法地层预加固机理及其应用研究[D]. 北京:北京交通大学土木工程学院,2003.

[37] 景彦君,张以晨,周志广. 国内外对活断层的研究综述[J]. 吉林地质,2009,8(2):1-3.

[38] 申玉生,高波,胡邦,等. 强震区山岭隧道围岩全环间隔注浆预加固的方案研究[J]. 土木工程学报,2011,11(1):186-191.

[39] 方林,宋林俐. 穿越断层破碎带隧道减震措施研究[J]. 公路,2010,16(2):194-197.

[40] 方林,宋林俐,高波,等. 减震层对穿越断层隧道地震响应影响分析[J]. 公路交通技术, 2010,18(2):90-93.

[41] 李旭升. 高烈度地震区行波效应下断层对隧道的动力影响和加固措施研究[D]. 成都:西南交通大学土木工程学院,2010.

[42] 陈庆,单雪丽,曾海鹏. 泡沫混凝土减震层对隧道地震响应影响分析[J]. 福州大学学报:自然科学版,2013,33(4):687-693.

[43] 方世跃,王得楷,王念秦,等. 城镇泥石流灾害危险度评价方法研究[J]. 甘肃科学学报,2005,17(3):46-48.

[44] 康志成,李焯芬,马蔼乃,等. 中国泥石流研究[M]. 北京:科学出版社,2004.

[45] 陈宁生. 泥石流勘查技术[M]. 北京:科学出版社,2011.

[46] 黄庆文,柳超,成广. 大断面隧道下穿泥石流沟施工技术[J]. 铁道建筑,2011(10):41-43.

[47] 朱正国,朱永全,吴广明. 大断面铁路隧道穿越泥石流堆积体综合施工技术研究[R]. 石家庄:石家庄铁道大学,2013.

[48] 赵勇,李国良,喻渝,等. 黄土隧道工程[M]. 北京:中国铁道出版社,2011.

[49] 朱永全,李文江,赵勇,等. 软弱围岩隧道稳定性变形控制技术[M]. 北京:人民交通出版社,2012.

[50] 沈军辉,李永林,王小群,等. 二郎山公路隧道泥石流地质灾害及防治[J]. 中国地质灾害与防治学报,2005,16(2):58-62.

[51] 赖善添. 福堂隧道穿越震中泥石流堆积体段施工技术[J]. 桥隧工程,2012(4):240-245.

[52] 陈洪凯,马康,马永泰,等. 公路泥石流防治工程施工指南(Ⅰ)[J]. 重庆交通学院学报,2006,25(4):26-29.

[53] 陈洪凯,唐红梅,吴四飞. 公路特大型泥石流灾害控制技术研究[J]. 公路,2004(3):1-5.

[54] 唐红梅,陈洪凯. 公路特大型泥石流治理综合模式及应用[J]. 重庆交通学院学报,2005,24(6):112-115.

[55] 齐甦,何金星,王立英,雷星月. 兰渝铁路杨家坝隧道穿越泥石流沟施工技术[J]. 施工技术,2012,41(6):91-95.

[56] 魏秀丽. 大管棚整治隧道泥石流技术[J]. 铁道建筑技术,2009(5):28-30.

[57] 侯敏. 浅埋隧道穿越泥石流沟关键技术[J]. 山西建筑,2012,38(21):181-182.

[58] 徐林荣,王磊,苏志满. 隧道工程遭受泥石流灾害的工程易损性评价[J]. 岩土力学,2010,31(7):2153-2158.

[59] 陈野鹰,石晋旭,唐红梅,等. 天山公路地质灾害防治及应用研究[J]. 公路,2007(2):38-42.

[60] 陈洪凯,唐红梅,叶四桥. 中国公路泥石流研究[J]. 中国地质灾害与防治学报,2008,19(1):1-5.